臺灣名人傳記漫畫

湯德章

【臺文版】

蠢羊——編、繪
臺文翻譯——薛翰駿、李盈佳
臺文審定——陳豐惠

目錄

附錄

推薦序

湯德章

噠
湯夫人！緊來！恁翁予中國兵掠出去遊街矣！
呼
講是犯啥物叛亂罪……向大正公園遐去矣！
母さん……咱欲去佗位？
個欲共德章掠去佗……
德章……
你一定愛平安……！
陳濫
湯聰模
一九四七年三月十三 臺灣臺南
戰後第五七五工

暴徒：坂井德章！
組織非法團體，
坂井德章
勾結暴徒、擾亂治安，
闖搶劫軍用銃械……

隨欲佇大正公園銃決！
哪會按呢……德章先生！
中國兵欲銃殺彼个足有正義感的湯律師……
到底是按怎會變按呢…？

一 巡查之血

一八九五年，中日甲午戰爭，日本戰贏清國，雙方簽署《馬關條約》，清國割地賠錢，臺灣由大清帝國的邊緣小島，變做是日本帝國的殖民地。
為著欲順利統治臺灣，日本政府引進國內嘛拄仔實施的西方現代警察系統，
對內地募集大批日本人來協助統治臺灣……
神力附體、刣日本警察！
神明保庇！
共恁燒予死！
抗日萬歲！
一九一五年・玉井

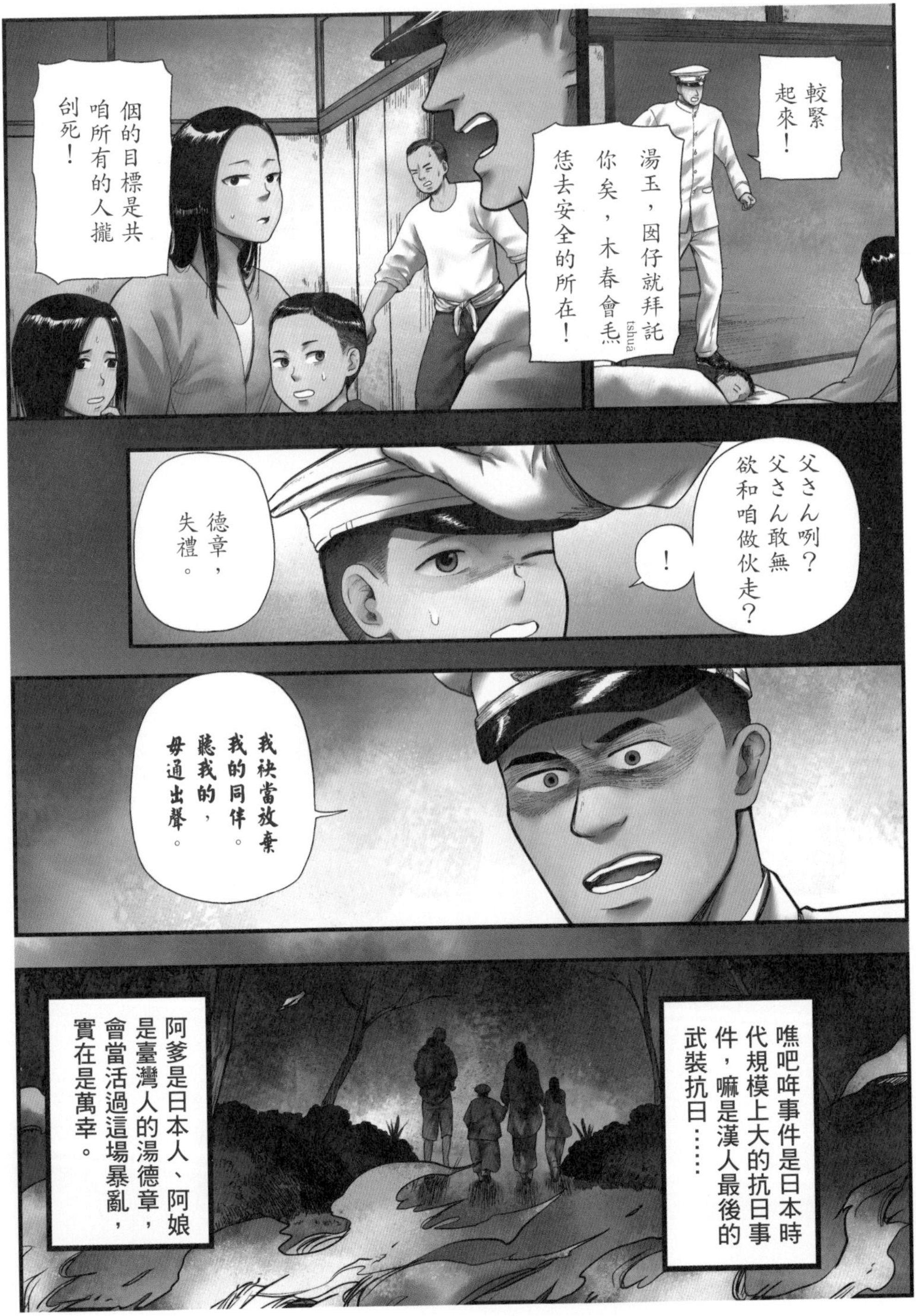
較緊起來！
湯玉，囡仔就拜託你矣，木春會𤆬（tshuā）恁去安全的所在！
𪜶的目標是共咱所有的人攏刣死！
父さん咧？父さん敢無欲和咱做伙走？
！
德章，失禮。
我袂當放棄我的同伴。聽我的，毋通出聲。
噍吧哖事件是日本時代規模上大的抗日事件，嘛是漢人最後的武裝抗日……
阿爹是日本人、阿娘是臺灣人的湯德章，會當活過這場暴亂，實在是萬幸。

湯德章的阿爹過身了後，阿娘湯玉替人紩鈕仔來晟家……
失礼します！
校長？敢有啥物代誌？
我這逝來，是想欲佮你參詳恁後生的代誌。
德章是按怎矣？敢講伊閣佮人相拍矣？
免煩惱，恁後生雖然有較皮……猶毋過真巧、足勢讀冊。
學校決定推薦伊去讀師範學校，畢業了會使做老師教冊咧！
而且完全是公費呢！
臺南師範學校是日本治臺第四冬就成立的學校。目的是培養臺灣人做學校老師，灌輸現代智識佮有利日本殖民統治的思想予閣較濟殖民地人民。湯德章以公費生入學，食佮踏攏由公費來負擔，毋過制服愛家己想辦法。湯德章無錢做制服，所以攏穿個阿娘做的衫仔褲代替。
湯德章
十五歲

彼个散赤鬼，閣穿𪜶老母做的衫仔褲來矣。
是補偌濟改矣？攏破糊糊，嘻嘻。
校規曷無規定愛穿制服。
行路較注意咧！莫共我的制服創垃圾去！
本島人有夠歹鬥陣。
你是按怎閣毋穿制服？成何體統！
你是師範生呢！這是啥物穿插？
刷
你是按怎欲褪衫？
哇啊！
啪

阿娘！我轉來矣！
德章？你毋是應該佇臺南？哪會雄雄轉來玉井？
我退學矣！哈哈哈哈哈！
退、退學？啊毋是讀了好好？哪會雄雄……
我就無愛讀，我無想欲做老師。
……好啦。
隨在你，你歡喜就好。
腹肚會枵(iau)無？我去煮飯予你食。

湯德章師範學校退學了後四界
做小工，嘛有佇糖廠鬥燒火炭，
甚至捌想欲去做兵來趁食。
毋過伊無停止學習，一直
有咧綴庄內的老師讀漢學，
嘛有咧綴師傅練武功。
阿姊，有恁後生的批！
是警察局寄來的！
伊是閣參人相拍矣nih？
大人……阮後生敢是予人掠起來矣？
夫人，妳免煩惱啦！

這張批寫講恁後生考牢警察矣！
以後就是同僚矣～
咦？阮囝考著警察矣？
伊規工攏咧浪溜嗹顧迌迌爾竟然有法度考著警察？
夫人，妳嘛較相信恁後生咧……
昭和二年（一九二七年）四月，湯德章成為巡查教習生，彼當陣伊才二十歲爾爾，
是錄取者內底上少年的，訓練結束的時伊得著優良賞，甚至以第一名的成績卒業，
嘛予日本人選做卒業生代表，代表逐家去領卒業證書佮致詞！
感謝教習所的教導佮培養，阮一定會效忠天皇，
阮堅心貢獻人民，共臺灣的治安維護予好。

昭和二年（一九二七年）
八月・嘉義東石
父さん……對今仔日開始。
我嘛是一个警察矣！
第一話　巡查之血　完

「警察制服」

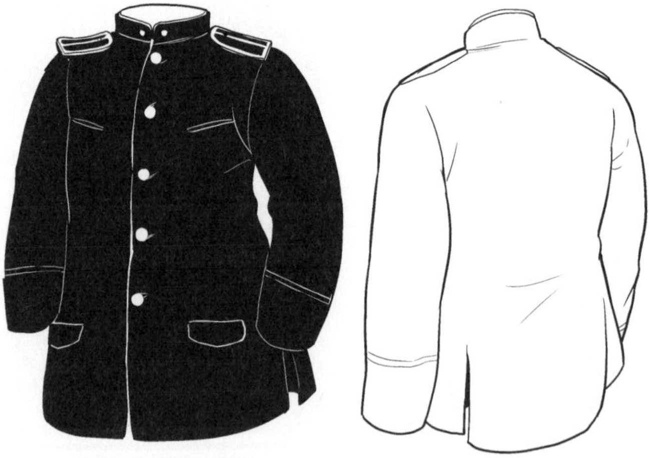

黑：冬季制服　　白：夏季制服

二 暗巷惡鬥

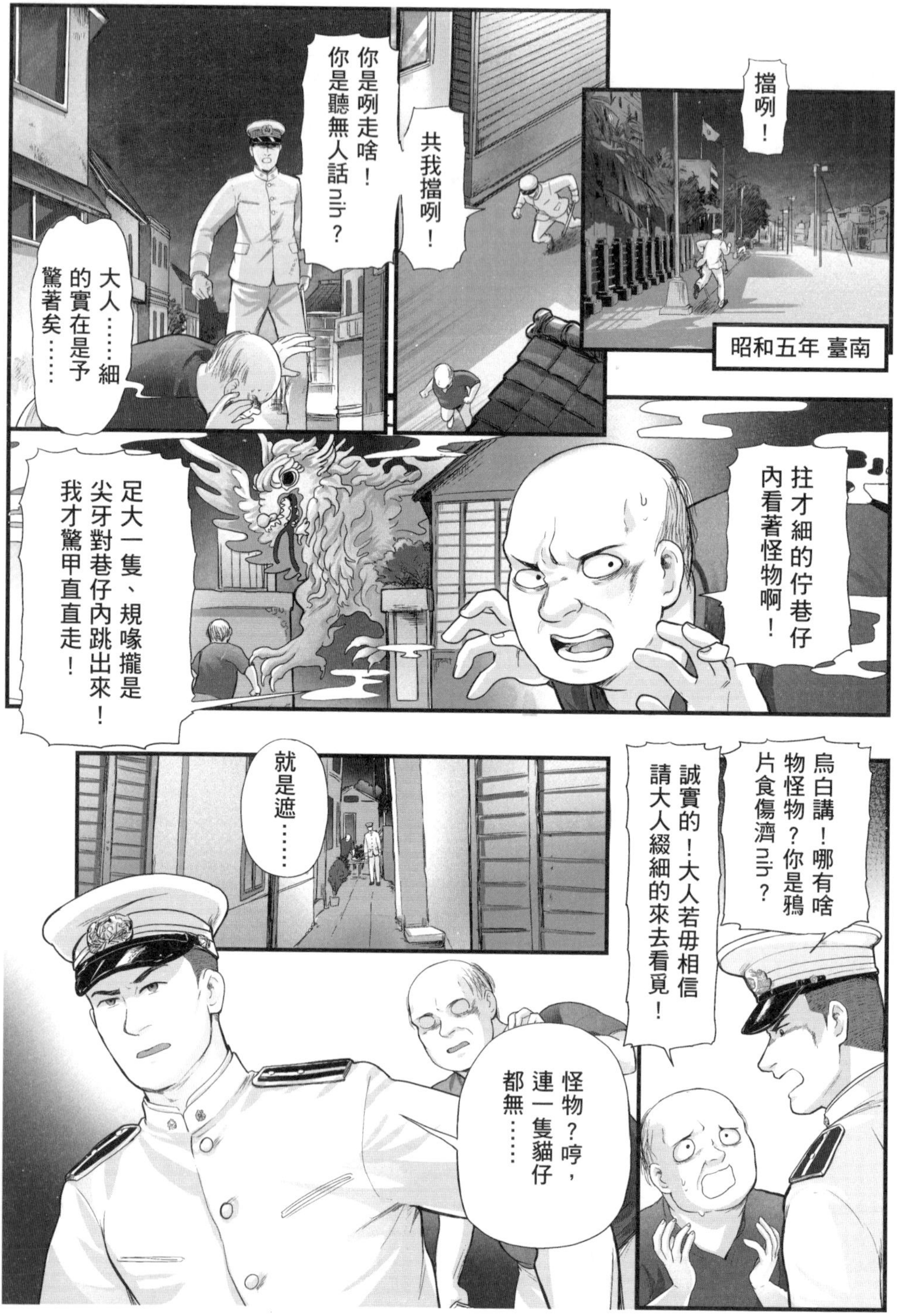
擋咧！
昭和五年 臺南
共我擋咧！
你是咧走啥！你是聽無人話ㄇㄧㆷ？
大人……細的實在是予驚著矣……
拄才細的佇巷仔內看著怪物啊！
足大一隻、規喙攏是尖牙對巷仔內跳出來！我才驚甲直直走！
烏白講！哪有啥物怪物？你是鴉片食傷濟ㄇㄧㆷ？
誠實的！大人若毋相信請大人綴細的來去看覓！
就是遮……
怪物？哼，連一隻貓仔都無……

??!
這箍竟然使暗步！
可惡……
喀

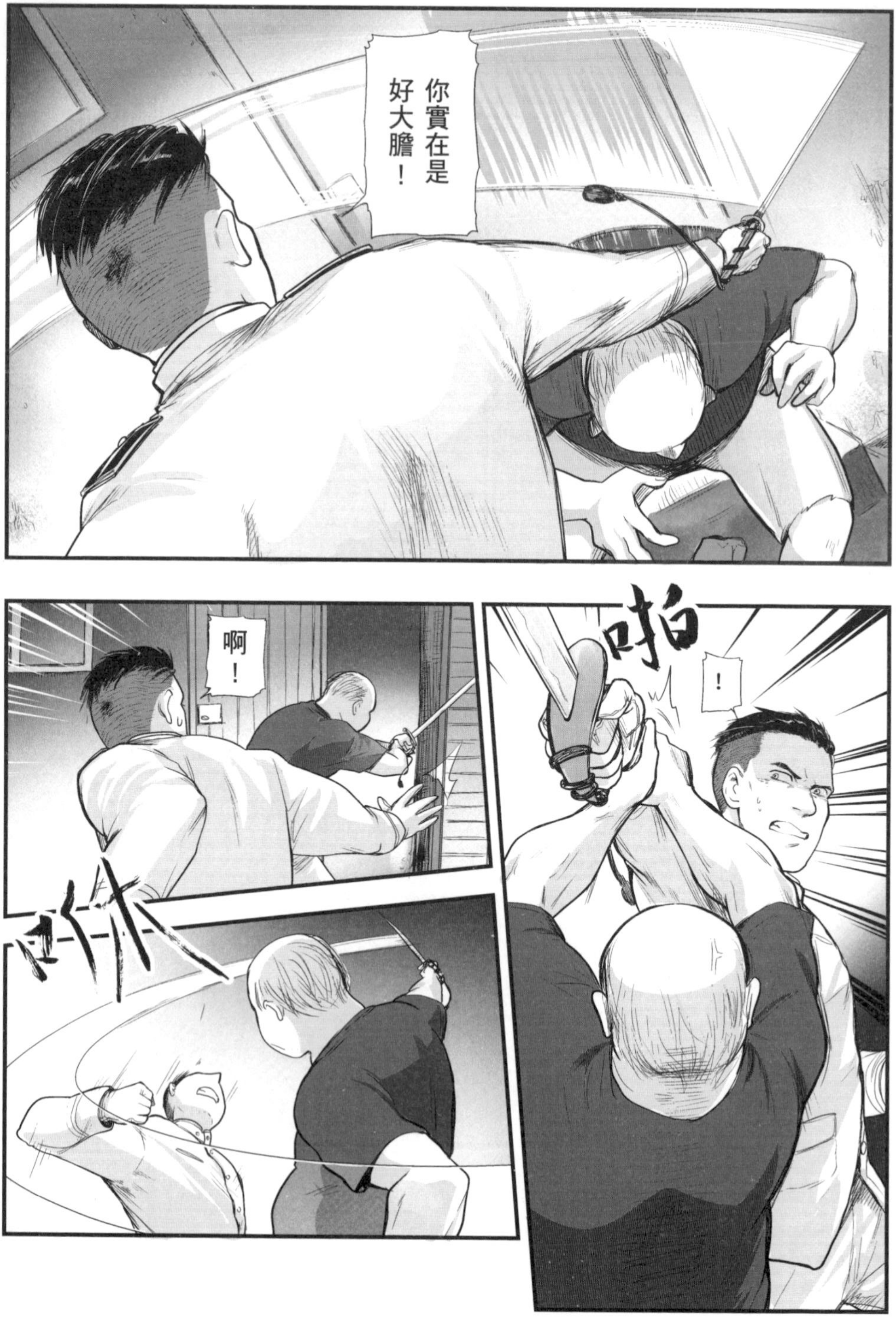
你實在是好大膽！
啊！
啪
！

碰
嗯……
三更半暝外口是咧吵啥潲？
喂，恁……
咧創啥啊啊警察大人!?

真可惜，
！
去死啦！
今仔日愛死的
毋是我！

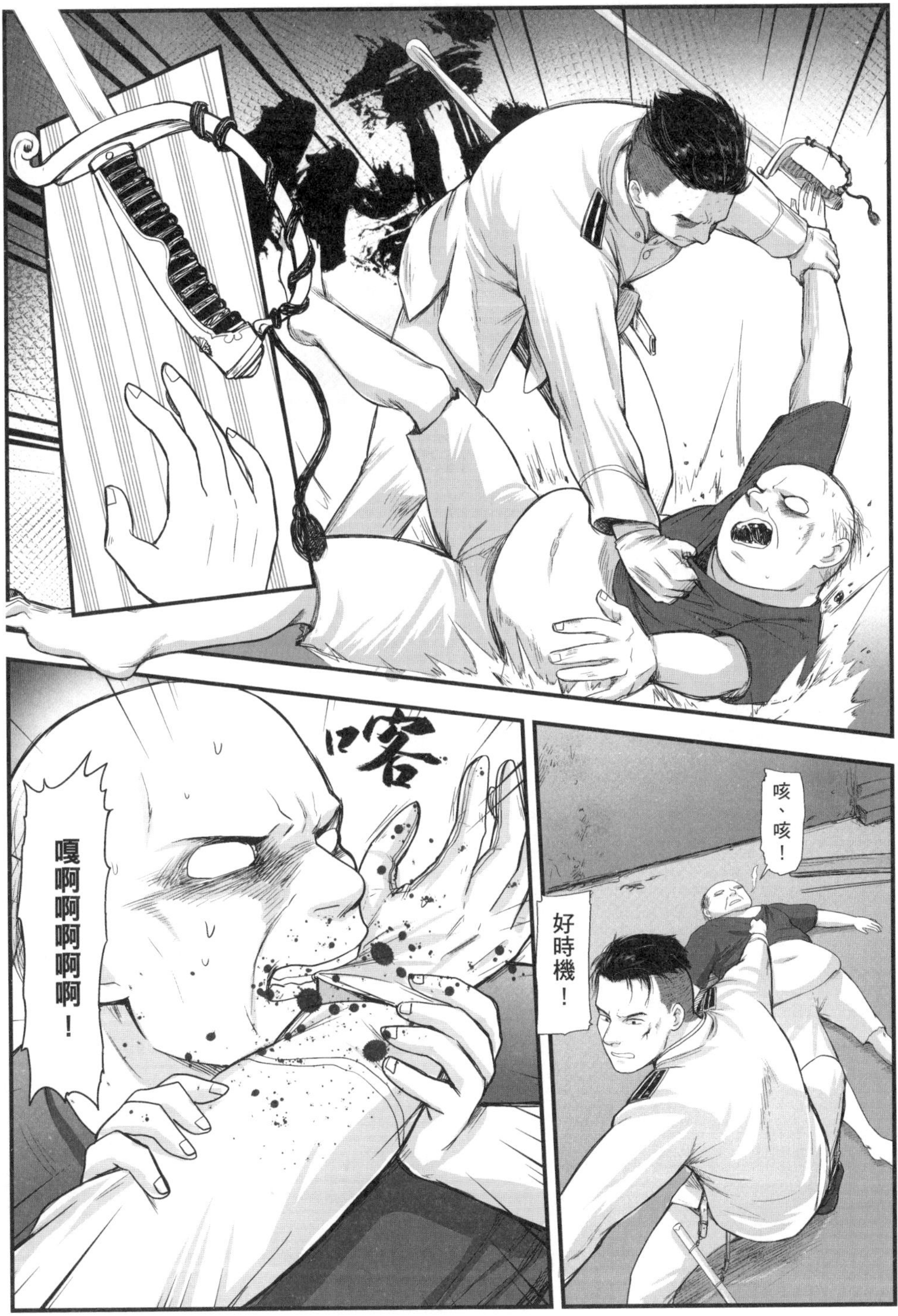
嘎啊啊啊啊啊！
喀
咳、咳！
好時機！

Kán！
！
好膽莫走！
可惡……
共我擋咧！
閣走啊！
是按怎？
大人？
閣看？緊來鬥相共啊！

是！大人！
緊來共警察大人鬥相共！
好！
大人小心！
哇！
Kán！
共拍！
大人，你的手一直咧流血，這條手巾仔予你。
啊、多謝，我無要緊！
這个大人講臺灣話真輾轉呢！
著啊，無成內地人的腔口……
多謝恁！
彼个新來的警察是臺灣人啦！
莫怪遮緣投！
伊叫啥物名？
喔，伊的名是號……號做……
行！佮我轉去警局！
啊！湯德章啦！

第二話　暗巷惡鬥　完

「警察佩刀」

防搶鎖，愛揤開關才會當共刀抽出來。
警察的刀、劍攏是全鐵鑄造的，
所以嘛予人叫做鐵條。
無啥價值，大多數尾仔攏予人提去鎔掉。

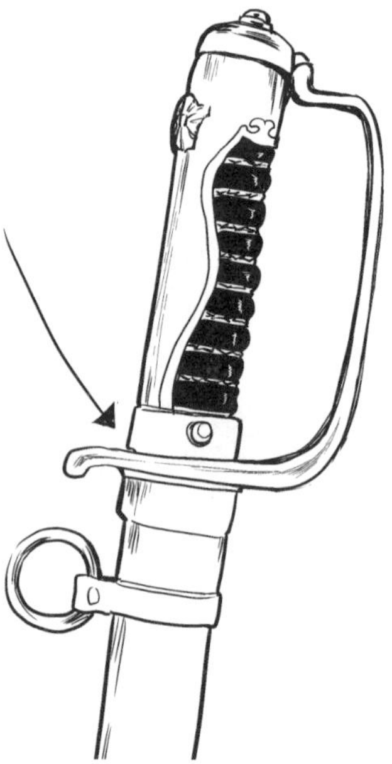

三 背後的倚靠

昨暝的代誌刊足大篇呢！
湯巡查敢結婚矣？
妳莫跕遐家婆，人的某偌嫷的呢！
啊、才咧講爾人隨到！
多謝各位昨暝共阮頭家鬥相共。
真正是翁生某旦！妳敢是嘉義人？
是……
為德章才搬來臺南是有較辛苦乎？
袂啦，阮頭家足照顧我。
陳濫
湯德章的某

汪
汪
哪會閣有飼狗！
汪
汪
汪
汪
汪
警察大人，真失禮……
！
汪
汪
你無予伊驚著乎？
汪
汪
汪
……穩矣。
？
？

我佮湯大人真緊就相意愛，
決定一世人相伴，
雖然伊的家境無好，甚至會使講是散赤，
毋過伊是一个足有孝的好人，
妳看這篇，先輩咧畫我做工課的時陣發生的代誌！足好笑的呢！
圖看起來是真好笑，毋過我毋捌字……
而且閣足巧、足勢讀冊。
無要緊，按呢我唸予妳聽，崁城月亮，花笑春光……

親愛的，我共妳講我升官矣！
月給嘛有增加！悉妳佮阿娘做伙來去食好料的！
咱會當佮阿娘同齊搬轉去臺南蹛！
猶毋過，我一直感覺對伊真歹勢……
來～阿舅抱！
我講你乎……
你啥物時陣才欲生一个後生來傳後嗣？
湯柳
湯德章的姊姊
遐爾佮意囡仔，袂曉家己生一个喔？
……醫生講，濫的身體傷虛弱，無法度生囡仔……

我無願意承受任何可能會失去伊的風險。
實在是，阿母嘛老矣呢！
阿姊……妳這是第四个後生矣，無，阿深予阮過房，好無？
袂用得，阿深個阿爹足佮意袂使予恁！
失禮……
按呢妳閣生一个後生過予我就無問題矣！
臭小囝你當做是雞母咧生卵nih！
哇、哇！
有影無法矣……
阿姊你有影有夠勢！
伊真正足佮意囡仔呢。
湯聽模的出世，應該嘛會當予伊共工課方面的煩惱放袂記！
你足古錐的呢～來，叫一聲父さん！
第三話　背後的倚靠　完

四 無平等的種族

饒命啊大人，我後擺毋敢矣！
閣有後擺？已經共你警告幾擺矣？莫閣佇亭仔跤排擔仔矣！
因為遮人較濟，好買賣啊……
就是教袂會！欠教示！
哇啊啊！
你莫按呢起跤動手。
你就是傷過軟心！對本島人袂當軟心！
你有要緊無？
閃啦，三跤仔！
……這款程度的侮辱猶閣會忍得。

這个案是發生啥物代誌？
內地人駛自動車共本島人挵甲著傷，事故了煞無停落來直接駛走。
遮爾明顯的案是按怎無派出所敢處理？
因為對方是鹿沼家族，所以……
所以按怎？
警部補大人你對基層起來的，應該知影地方議員的影響力有偌大……
個老爸是臺南州議會的州議員呢！閣和州知事是好朋友……
知事好朋友閣按怎？無人敢辦，就我來辦！
哪會使予犯人逍遙法外！叫鹿沼來問！
真正是足固執的……
你就是鹿沼？

我是警部補湯德章，你是按怎拚著人了後毋停車落去看覓？
你應該知影你共人拚著矣？
小囝，你敢知影我是啥人？
你明明是醫生，是按怎共傷者放外外？
我是按怎愛接受本島人的偵訊？

隔轉工才去看？是按怎毋隨落車去看？
收尾的代誌攏處理好矣，無，你是欲按怎？
我有去病院看過對方，你毋通誣賴我。
我這馬是咧問你彼當時是按怎毋落車!?
……現場會有一大堆人圍觀，會足費氣。
這箍本島人是咧創啥，伊敢毋知影我是啥人？

你敢有予對方錢？
我予伊五箍。
這箍叫是五箍就會當閃避法律責任？
……我知矣，感謝你今仔日的配合。
呃，這本島人是咧創啥……
湯警部補偵訊鹿沼醫師的記錄，予莊姓受害者會當提出告訴，
毋過因為法官攏是日本籍的，
鹿沼家族有強大的政治影響力……

灣民報
自動車人身事故
惡德醫師遭處罰金二十圓
你是按怎堅持愛辦這案？議會遐罵甲欲死，
我毋是共你講莫閣辦矣？
予咱加偌濟麻煩！
你這箍アタマコンクリ的飯桶！
我……
就干焦是想欲共心內的正義顧予牢爾爾……
是按怎遮爾偲咧？

沙
你心內的聲音，毋就是予你維持到今的信念？
……我相信我是咧做正確的代誌。
我穿這軀制服，心內所懷抱的正義是按怎遮爾仔驚惶？
為啥物臺灣人袂使辦日本人的罪？
本島人、
內地人、
是按怎因為字姓無仝就有待遇的差別？
皇民？
是按怎仝沿的日本人攏並我較早升官？
收khoo-mí-sióng佮烏錢是毋著的，是按怎逐家攏咧收？
正義到底是啥物？

昭和十四年（一九三九年）・中國廣東
我予人派來中國的廣東，這是咱漢人的故鄉……
喂，你敢會曉講中國話？
我是警部補湯德章，奉命調派來遮做警察顧問。
顧問啊……若毋知影規矩……做代誌嘛是做袂成。
袂成？
會當做的代誌哪會做袂成？
唉！佮日本人講話就是愛講較白的，
阮遮有一个規矩，有關係就會無關係，無關係就會有關係！無關係就愛開錢買關係啊！
有關係了後，就啥物代誌攏好做矣！
短短三個月的外派，予湯德章了解各種中國官場的腐敗……

我轉來矣。
啊、你轉來矣！
今仔日哪會遮早？

阿娘、濫，我辭職矣。
我無愛做警察矣。
……辭職？
你……
……無要緊，先來食飯。
母さん，其實……
這站仔，我一直咧揣父さん佇日本的親情，
母さん，我真正揣著矣！佇日本的坂井家族的親情，就是父さん的弟弟！

咱三个人鬥陣
離開臺南、
來去東京！
又藏阿叔佇批內底
講伊願意共咱照顧。
我有想欲做的
代誌，我知影
我著愛去內地。
遮改，嘛請
相信我！

東京……！
陳濫陪你去就好，
日本無檳榔通食，我實在是無法度啊！
濫？
德章……
只要和你做陣，去佗我攏願意！
昭和十四年（一九三九年），湯德章三十二歲，辭掉臺南州新豐郡司法主任的職務，
𤆬某（陳濫）、囝（湯聰模，五歲）鬥陣前往日本，準備開始新的人生。
第四話　無平等的種族　完

「旅券」（りょけん）

一八九七年一月，臺灣總督府實施《外國行旅券規則》，規定臺灣的「帝國臣民」若欲出國，愛向當地縣廳申請「旅券」（りょけん）。仝年5月，臺灣人會當選擇欲留佇臺灣抑是轉去中國的躊躇期到期了後，留落來的臺灣人若欲去海外，嘛愛像其他帝國臣民按呢申辦旅券。

五　瘠狂東京

你就是阮阿兄的後生……德章！
又藏阿叔！
坂井又藏
你佮伊離家的時陣有夠成，看著你，就若親像閣再看著伊……
實在是想袂到，真多謝……
請你好好仔蹛落來！我會共一切處理好勢！
真多謝！
佇文官考試用日本名姓會比用臺灣名姓加較有利，湯德章出發進前先共名改做坂井德章，到日本了後又藏閣收伊做養子，
嘛安排個一家伙仔蹛佇製紙王藤原銀次郎厝內。
坂井

小川町到矣～
——小川町
你想欲通過高級文官考試？
你干焦有小學學歷？按呢你連報考的資格都無啊……
毋管有偌困難我就是想欲做辯護士！
若是會當通過「專門學校入學檢定」佮「預備考試」，我就有報名辯護士考試的資格！
請予我一冬來證明我的能力！
這是一條修羅道喔，德章。
我會盡量共你鬥相共。

湯德章先以聽講生的身份佇中央大學旁聽，
嘛去買價數較低的二手參考冊家己讀，
古本
買取
全心投入學習……
昭和十五年（一九四〇年）
井德章
佮阿叔的約定順利完成矣，
有矣！
得著報名預備考試的資格。
閣來就是高級文官的預備考試。

中國語、論文，我佇糖廠做工課的時陣有綴漢學仔先學過，
我捌予人派去廣州三個月，中國語嘛無問題！
雖然掛心，毋過伊絕對無問題，
因為伊是彼个湯德章啊。

喂，這真正無簡單！
夕刊
臺灣日日新報
本年度高等考試的司法科合格者佇這個月二十八發表，合格者二九九人（報考者二五零一名）中臺南州新化郡出身的前臺南州警部補坂井德章（三四）金榜題名。
臺灣・臺南
是湯巡查！伊實在是有夠厲害！
竟然去內地通過遮爾困難的考試！
繼續向前行！德章！
你的前途是無限光明呢！
戰爭的跤步這當陣嘛沓沓仔逼近矣。
昭和十七年（一九四二年），陳濫毿湯聽模轉去臺灣，德章家己一个人留佇日本繼續讀冊。

民間四界攏是戰爭的氣氛，
留佇日本的德章那實習、那擔任製紙王藤原銀次郎的警衛。
你應該就是彼个足勢讀冊的坂井德章？
我是藤原銀次郎，又藏定定對我講著你，
你敢會想欲留佇日本做我的祕書？

會當擔任製紙王的祕書對我來講是足光榮的，
非常感謝你願意按呢牽成我，
猶毋過，我想欲轉去臺灣！真歹勢！
我欲轉去故鄉幫助我的同胞！
昭和十六年十月三十一日
刊
臺灣
本年度高等考試的司法科
合格者於二十八日發表，
合格者二百九十九名（報）
中臺南州新化郡出身
前臺南州警部補
坂井德章氏（三四）
金榜題名。坂井氏昭和
二年任台南巡查，四年
普通試驗及格後任巡查
部長，甲科通過後昭和
八年十月任台南警部
補，十四年五月退任
十五年四月立志報考
文官考試赴京，
苦行力學，貫徹初志
一念，於十五年
入學日大法科專門
同年十一月專檢合
十六年五月通過高
十六年九月正式考
此次通過最後口試
終於金榜題名

德章……
你就愛寶惜身體啊！
你嘛是，再會又藏阿叔！
昭和十八年（一九四三年）七月底，經過五冬的拍拚，
總算提著日本辯護士資格的湯德章坐郵輪富士丸號對神戶出發，轉來伊離開五冬的故鄉——臺灣。
第五話　痟狂東京　完

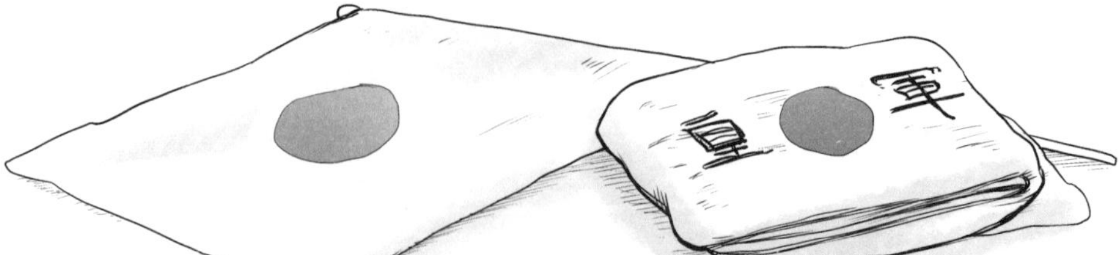
皇
軍

六　燦爛的正義

乾杯！
鏘!!
婧啦！你這箍有影無簡單！
實在是有夠勢！
今仔日一定愛啉予醉！啉落去！
昭和十八年（一九四三年）九月，湯德章正式向臺灣總督府完成辯護士登記，
並且佇臺南市末廣町[1]正式開業！

※1：今仔日中正商圈附近。

我有一間厝，借你開業！
敢誠實的？足感謝！
這位姓洪的朋友，伊的厝就佇咧林百貨的斜對面，是足有價值、厝稅足懸的位置。
伸張正義
辯護士用的桌仔嘛是對林百貨買的送過來。
開業了後上門的本島人是真濟。
內地人欺負阮毋捌字……

免緊張，沓沓仔講，只要做會到，我一定會共恁鬥相共！
好……代誌是按呢……
臺南法院
（當今的司法博物館）
彼當陣法院內底日本籍的法官占大多數，
湯德章精通日語、臺語，閣有幾若冬的巡查辦案經驗，所以伊佇法庭內會當講是贏面真大。

告訴人勝訴！
噹
多謝辯護士替咱臺灣人討公道！
因為湯德章是艱苦人出身，若拄著委託人提袂出錢，提農產品來拄，伊嘛會接受。就按呢大細項的案件攏來拜託伊鬥相共。
咱本島人若是予日本政府成做皇民，就應該有交內地人全款的權利！
法院的工課就予德章真無閒，毋過伊閣一直咧教臺灣人啥物是人權。
佇政治的方面嘛誠有發展，
毋過，戰爭咧欲來矣……

昭和二十年（一九四五年）三月初一
臺南大空襲
地標建築林百貨予美國的炸彈磅甲糜糜卯卯。
mi-mi-mauh-mauh
毋願撤離的臺南人死傷無數。

湯德章𤆬厝內人離開市區疏開到故鄉玉井，
美軍的炸彈親像暴雨直直落落來。
朕深ク世界ノ大勢ト帝國ノ現狀トニ鑑ミ、非常ノ措置ヲ以テ時局ヲ收拾セムト欲シ、茲ニ忠良ナル爾臣民ニ告ク。

朕ハ帝國政府ヲシテ、
米•英•支•蘇四國ニ對シ、
其ノ共同宣言ヲ受諾スル旨通告セシメタリ。
……加之敵ハ新ニ殘虐ナル爆彈ヲ使用シテ、
頻ニ無辜ヲ殺傷シ、慘害ノ及フ所、
眞ニ測ルヘカラサルニ至ル。
而モ尚交戰ヲ繼續セムカ、
終ニ我カ民族ノ滅亡ヲ招來スルノミナラス、
延テ人類ノ文明ヲモ破却スヘシ……
喜迎回歸
爾臣民、
其レ克ク朕カ意ヲ體セヨ。

咦……
哪會感覺……
國民政府……
昭和二十年（一九四五年）八月十五，天皇「玉音放送」發佈終戰昭書，向盟軍投降。臺灣由中華民國國民政府代表盟軍接收，進入軍事占領代管的狀態。
日本人總算是走矣！這改咱應該會使做家己的主人矣乎……？
第六話　燦爛的正義　完

日本時代辯護士的服裝

七　狗去豬來

看攏無……啥人看有中文？
我袂曉啊……
頂懸是咧寫啥物咧？
敢若是人事相關的代誌……
散亂的軍紀、生疏的文字，予民眾真僥疑。
喂！彼是我的鐵馬啊！
國民政府接收臺灣了後，本底由日本人擔任的職位隨全換中國人來接，臺灣人全款無法度出頭天做主人。
大量的米、糖等各種物資，一直予代管的國民政府徵收送去中國，造成臺灣物價大起，
米價一日甚至翻三改。

臺灣同胞回歸祖國！
咱是戰勝國！光復中華！
戰勝國？
咱日本毋是輸予美國矣？
著啊……中國人到底是咧講啥痟話？
有超過二十萬的本島人青年加入日本皇軍佮盟國相戰，
大部份人並無清楚，一九四三年戰爭期間，美國、英國佮中國的領袖共同發表《開羅宣言》，講戰後欲共臺灣還予中國。毋過《開羅宣言》實際上是一份新聞公報爾爾，並無國際法的效力。
二次大戰結束了後六冬，日本佇一九五一年簽的《舊金山合約》干焦「放棄臺澎諸島權利」，
無講著臺灣的主權歸屬佗一國，這就是所謂的「臺灣地位未定論」。

日本投降了後，蹛佇臺灣的日本人攏愛轉去日本，足濟人攏出來街頭賣家伙換現金，而且規定一个人干焦會當紮一千箍日票轉去日本。
予人遣返的日本人，有足濟是佇臺灣出世大漢的「灣生」，個背後猶閣有真濟悲傷的故事。

湯德章捌予日本政府派去中國廣東三月日，面對國民政府接收了後可能出現的現象，無法度安心。
中國官僚貪汙、烏西的文化已經病入骨髓，
代誌就拜託你矣。
中國人佮臺灣人的生活習慣完全無仝，文化佮智識的水準嘛差真濟……
水道頭都裝矣，哪會無水？
咳咳……呸！
猶閣有水準……落差實在傷大。
做一个堂堂正正的中國人——

臺灣應該愛轉來祖國的懷抱！
臺灣人頭先說服家己，莫對新的統治者國民政府有成見，
毋過，行政長官陳儀任用大量的「外省人」來做重要的職務。
交日本時代相比，公務員的數量增加足濟閣足緊。
18000人
43000人
因為得著公職的外省人閣會大量安插親友，予個會當領公家薪水，
臺灣人家己的勢人，受日本甚至歐美的現代教育，能力佮智識攏比這寡中國人較贏，煞予國民政府以「袂曉講國語」做理由，無通擔任重要的官職。

日本殖民政府留落來的官廳樓厝等等資產，九成的臺灣產業，猶閣有七成的土地，攏予中國人占去，
金融業嘛予中國人獨占、私人公司甚至予國民政府強徵收做官營公司，甚至特產、薰佮酒攏變做政府專賣……
差不多所有的貿易攏予專賣局壟斷……
台灣省
菸酒公賣局
菸酒
零售商

國民政府接收猶未一冬，就全面禁止臺灣人讀寫日文，聽講日語……
過去受日本高等教育的臺灣智識份子，煞攏變做青盲牛，甚至連開喙講中國話嘛毋知影按怎發音……
湯先生，你是少數講中國話會輾轉的臺灣人，
陳儀長官希望任用你做臺灣省公務員訓練所所長。
請您愛慎重考慮來臺北就職。
……

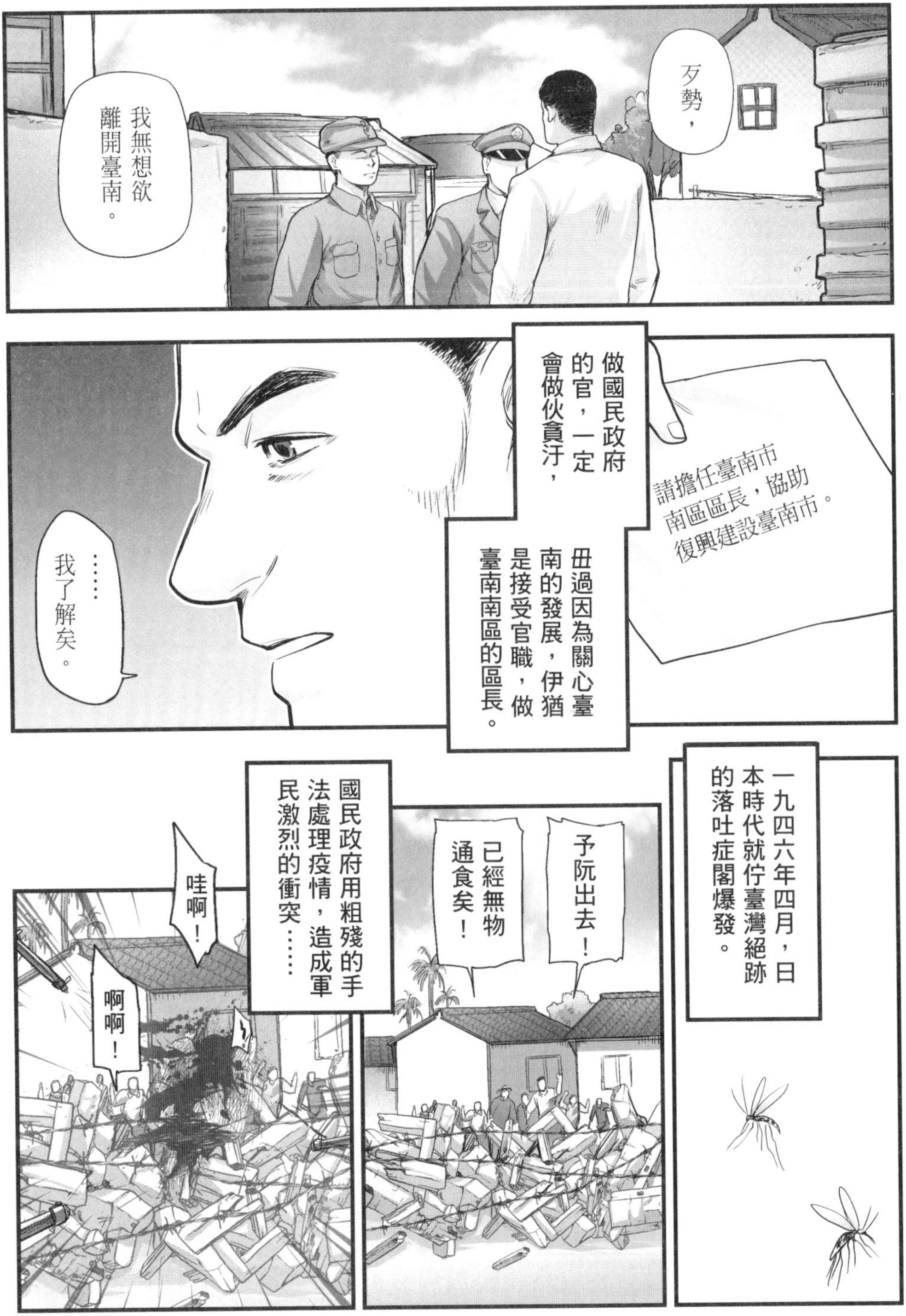
歹勢，
我無想欲離開臺南。
做國民政府的官，一定會做伙貪汙，
請擔任臺南市南區區長，協助復興建設臺南市。
毋過因為關心臺南的發展，伊猶是接受官職，做臺南南區的區長。
……我了解矣。
一九四六年四月，日本時代就佇臺灣絕跡的落吐症閣爆發。
予阮出去！
已經無物通食矣！
國民政府用粗殘的手法處理疫情，造成軍民激烈的衝突……
哇啊！
啊啊！

其中一場落吐症致使的衝突，甚至造成南臺灣差不多三百外人死亡……
湯德章制定預防疫情的對策了後，就共南區區長的職位辭掉，重新佇厝裡開業做辯護士（戰後改叫律師）。
辭呈
空氣內底充滿無法度消散的硝藥味……
早慢會出代誌，這是絕對的……
佇臺灣人長期不滿國民政府的情緒之下，
任何代誌攏有可能會出火星……

啊呀！
阿母！
哇啊！
刣人啦！
打倒陳儀

二二七因為查緝私薰引發的衝突發生了後，足濟臺灣人心內是真驚惶，毋過逐家嘛知影這是一定會發生的代誌，抗議國民政府的行動就按呢開始矣……
面對臺灣人的抗議，行政長官公署的做法煞是用公署的機銃掃射，煞予全島攏親像著火欲燒起來！
臺灣人應該愛團結，好好仔教示來遮烏白舞的中國人！
為咱家己徛（khiā）出來當家做主！臺灣人出頭天！
死出去！
反抗中國人！共個趕轉去！
落台！
臺灣人暴動，需要支援……
智識份子、學生悉頭的反抗行動，陸續占領派出所佮各公家單位。

臺灣人出頭！
中國官落台！
落台！
好，咱來參詳，針對這馬的情形，咱會先設立二二八事件處理委員會，予社會各界的代表攏會當替臺灣人出聲。
恁這馬千萬毋通去人濟的所在……盡量踮厝裡就好。
你好好仔歇睏，免煩惱，阮攏袂出去。
一九四七年，湯德章感染ma-lá-lí-á發燒倒佇眠床靜養的期間，爆發予規个臺灣島攏著火燒起來的二二八事件。

毋過為著臺南市民，湯德章猶是應邀出席議會召開的緊急會議。
因為政府長期攏毋任用臺灣人，才會引起臺灣人遮爾大的反彈！
……
外省人
議長
這攏無重要，橫直咱先設立臨時治安協助委員會！
外省人
由你來做「治安組」的組長，負責予市民先冷靜落來！
湯德章日本時代做過警察佮律師，辦案、辯護攏足替臺灣人出聲，烏白兩道對伊攏誠敬重。
請逐家一定愛維持咱府城的秩序，拜託！
「人生的每一段經歷攏有伊的意義」湯德章是按呢想的。

咱攏仝款關心臺灣的未來，嘛希望臺灣人的聲音傳出來，外省人、本省人會當冗早和解。
希望逐家會當停課兩日，來共委員會鬥相共，協助維持臺南市的治安。
伊講了誠有道理……伊是啥人？
敢若是湯德章，彼个真出名的律師。
臺南學生青年軍總隊
指揮官　林宗棟
阮嘛無希望社會閣亂落去……
若是湯先生出面……阮會當信任。
阮願意共你鬥相共。
多謝恁的理解。

現場按呢敢就是恁所有的人？
我會替恁分組編派工課，咱來做伙守護臺南！
湯德章佮其他本省籍議員四界走從遊說，學生們組成的青年軍隊嘛真緊就開始維持治安，
是！
臺南變做是二二八事件期間，臺灣較早恢復平靜的所在。
三月初六，臺北的二二八事件處理委員會，發表〈告全國同胞書〉。
希望各位本省同胞千萬毋通輕信謠言。
臺灣省行政長官
陳儀
政府的問題，我會盡全力來拍拚解決。
高雄・外海

三月初六
高雄
逐家冷靜！
共政府鬥相共，穩定治安……
高雄要塞司令彭孟緝派軍隊進攻高雄市政府（今仔日的高雄市立歷史博物館）屠殺佇遐等待消息的市民、記者。
三月初八
臺南
卓高煊落台！
你敢有聽著高雄發生足悽慘的代誌矣？
誠恐怖……
落台！
這馬叫咱選三个市長候選人，陳儀來選其中一个做新市長，這款氛氛來做選舉，咱心內實在會驚啊……
猶毋過，咱總算會當投票，決定啥人來共咱領導矣！
是啊，希望真正是按呢！
民選市長
台南選出三人呈報省署圈定
黃百祿
一百七十九票
湯德章
一百零五票
侯全成
一百零九票
第七話 狗去豬來 完

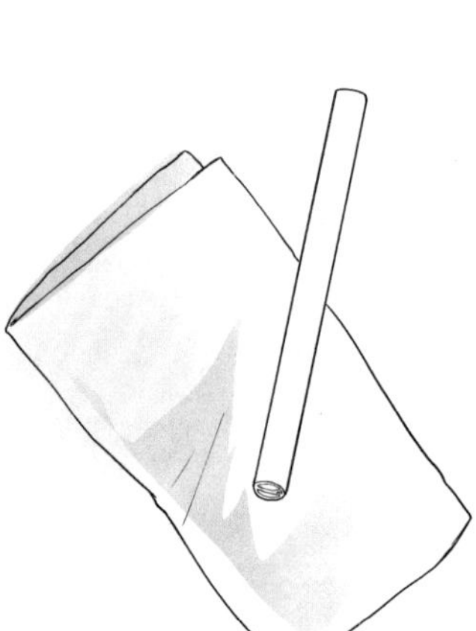

八 無存在的名單

△ 燒名單的代誌有真濟版本，阮選擇採用故事內底的講法。

三月初九，蔣中正派遣的軍隊登陸基隆，陳儀又閣宣佈戒嚴。
噠
噠
三月初十
我去議會一逝。
聽講軍隊登陸矣，你確定閣欲去？
逐家攏佇咧議會。
我咻一下去，咻一下轉來。
我佇厝裡等你。
三月十一
你愛較緊轉來……

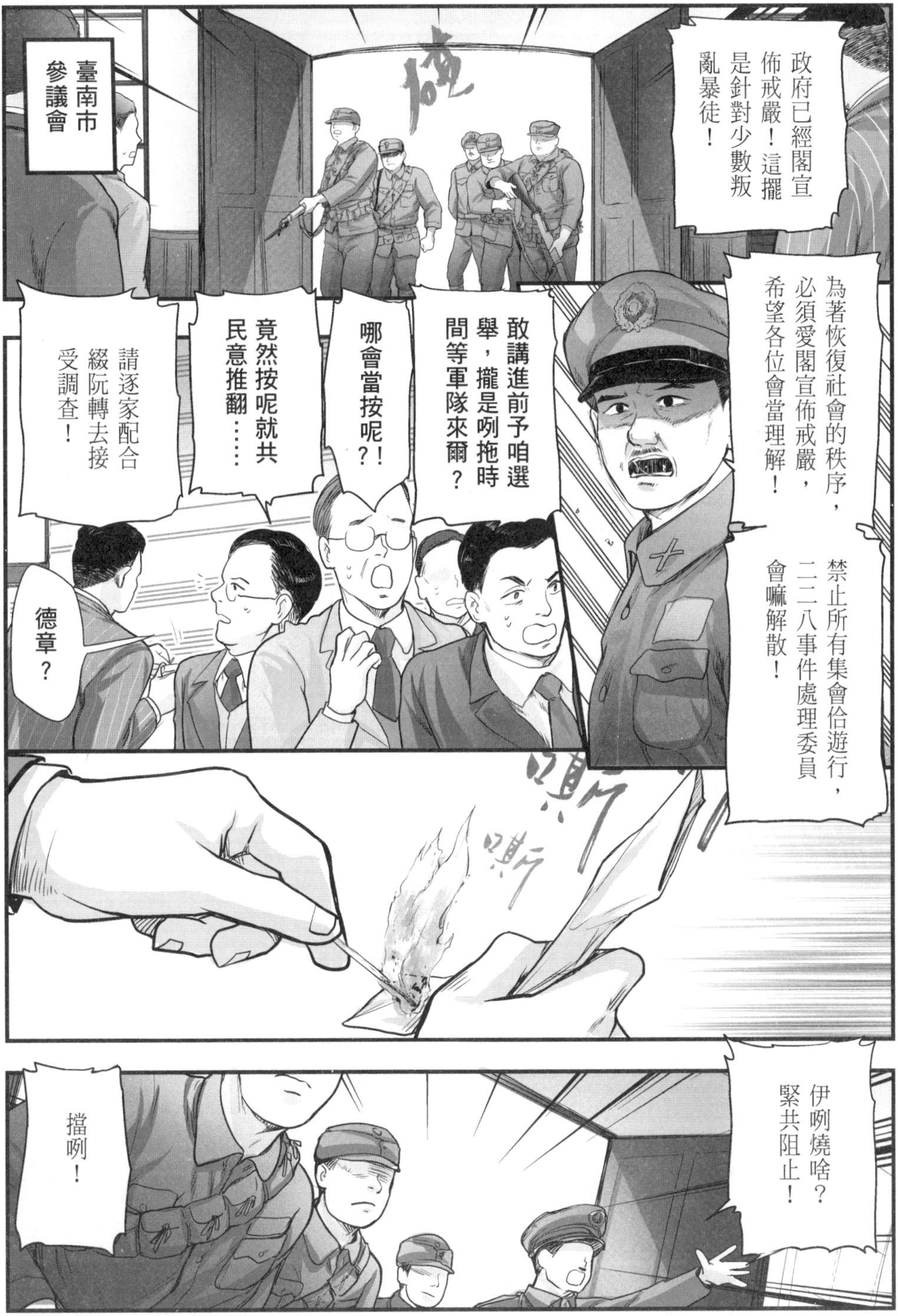
政府已經閣宣佈戒嚴！這攏是針對少數叛亂暴徒！
臺南市參議會
為著恢復社會的秩序，必須愛閣宣佈戒嚴，希望各位會當理解！
禁止所有集會佮遊行，二二八事件處理委員會嘛解散！
敢講進前予咱選舉，攏是咧拖時間等軍隊來爾？
哪會當按呢？！
竟然按呢就共民意推翻……
請逐家配合綴阮轉去接受調查！
德章？
伊咧燒啥？緊共阻止！
擋咧！

共物件交出來！

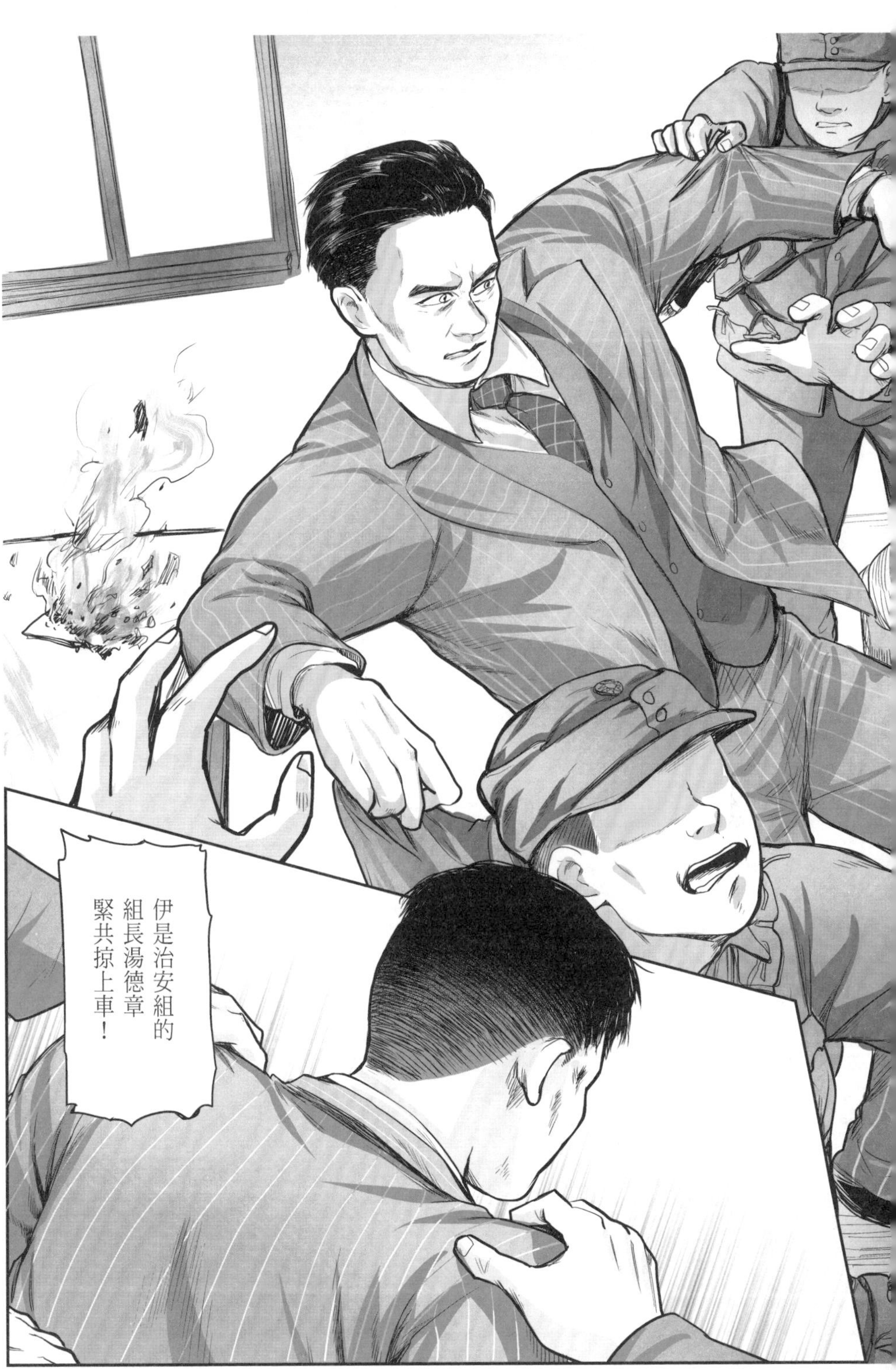
伊是治安組的組長湯德章緊共掠上車！

共全部的人攏掠轉去！
若是湯先生出面……阮會當信任。
阮願意共你鬥相共。
你明明是日本人，是按怎毋轉去日本？
我是臺灣人！
你是日本人！
若認為我是日本人，就用日本話佮我講話！
毋講？我拍予你死！
若名單予遮的中國兵知影，遐的囡仔會……
咳
咳！

是啥人共武器交予你的？
緊講！
！
碰
嘖……喙真正有夠硬！
咳！
德章？敢是德章？
德章！你有要緊無？我是熾昌！
唔
昌……熾昌？
咳！
個對你做啥物代誌……

無要緊，箅仔骨敢若攏斷去矣……
咳！
佪是按怎對待你的？
中國兵共我吊起來，輪流拍我……
傷超過矣！
佪閣佇我的指頭仔中間囥枋仔，出力共挾落……我的指頭仔應該全部害去矣……
……德章
這馬我應該無法度用手食飯，愛直接用喙食飯矣！
哈哈哈……
德章……
德章你胃口較大，我的份予你食。
哈哈，多謝啦熾昌。

三月十三透早十點
治安組組長湯德章，集合臺籍日本兵叛亂……
按算會交由地區戒嚴司令官……
坂井德章
銃決！
第八話 無存在的名單 完

九 鳳凰花跤

德章……已經兩工無轉來矣……
毋是講去一時仔就轉來……
湯夫人！
趕緊出來！中國兵共湯先生掠咧遊街！
啥物！？
暴徒：坂井德章

湯律師……
組織非法團體，勾結暴徒、擾亂治安，
哪會按呢……
湯先生！
閣搶劫軍用銃械……
井德章

坂井德章
隨欲佇大正
公園銃決！

落車！
你這个人是咧創啥？
毋免掩我的目！
也毋免共我縛……嘎！
是咧烏白叫啥？

烏白叫啥？
共我跪咧！
跪落！
若是一定愛有人擔罪……
坂井徳章
坂井徳章
按呢我一个人來擔就好！

……万歳(ban zai)！
台湾人(tai wan jin)、万歳(ban zai)！

砰
砰
坂井德章
講中國話啊！

ban zai
万歲……
哈
tai wan jin
台湾人……
tai wan jin · ban zai
台湾人万歲！

砰
砰
湯夫人！

閣擋一下！
連鞭就到矣！
妳愛擋咧啊！
湯太太的靈魂
佇湯德章予中國兵
拍死彼个瞬間嘛破
碎矣……
嘛已經綴伊
做伙死去矣。

毋免用彼種物件。
沙
按呢就好！
中國國民黨毋但刣人，閣侮辱死體，閣不准人收屍。陳濫佇廣場陪伴湯德章死體三暝三日。

湯德章尾仔總算入土，
毋過陳濫母仔囝的苦難
煞無綴咧結束。
章
第九話　鳳凰花跤　完

湯德章厝裡飼的動物
若親像知影個的主人
死去矣仝款，
別人送予伊的孔雀、猴山仔，
雄雄攏走了了矣。

◆ 尾聲

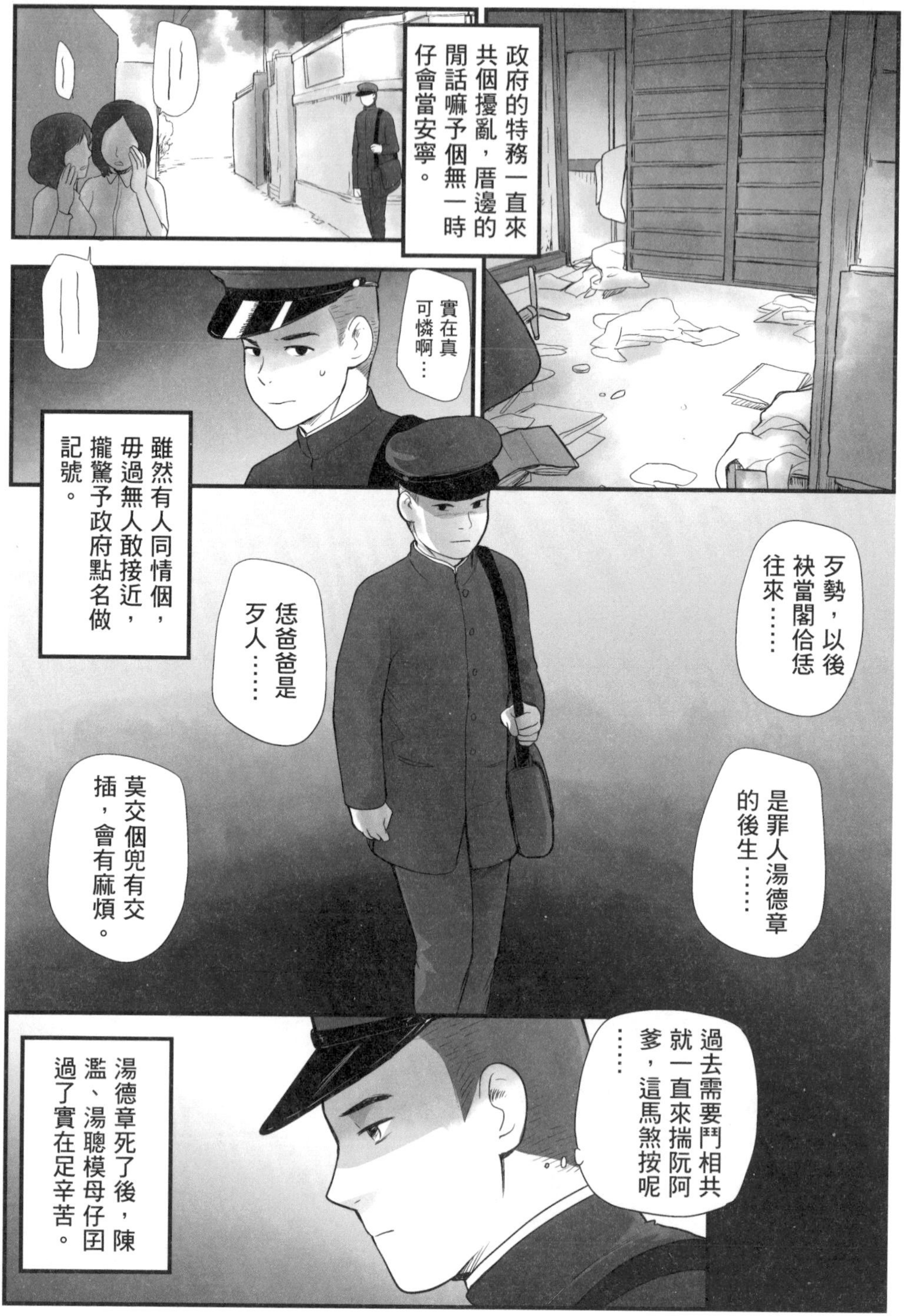
政府的特務一直來共個擾亂，厝邊的閒話嘛予個無一時仔會當安寧。
實在真可憐啊……
雖然有人同情個，毋過無人敢接近，攏驚予政府點名做記號。
歹勢，以後袂當閣佮恁往來……
恁爸爸是歹人……
是罪人湯德章的後生……
莫交個兜有交插，會有麻煩。
過去需要鬥相共就一直來揣阮阿爹，這馬煞按呢……
湯德章死了後，陳濫、湯聰模母仔囝過了實在足辛苦。

十冬過去了後，湯德章的母親湯玉嘛過往。
是阿爹的朋友送來的花箍……
在彼世與兒相遇
是否能解十年之仇
許丙丁
阿爹遮爾任性，為著家己理想犧牲，
你敢知影我佮お母さん過了偌辛苦？
你鬥相共過的人全部攏足現實，攏共咱放捒矣……
若是予人看做皇民，就應該有參內地人全款的權利！
正義……人權是啥？

佪離開了後，お母さん無魂有體親像稻草人，
日子過了是偌爾仔悲慘……
伊定定半暝仔一个人去你的墓前直直吼，
甚至佇開棺抾骨的時陣，揞(mooh)你的頭骨……

吼到無成人形的お母さん
佇你的心中是算啥物咧？
我上討厭…
我上討厭父さん啦！
台南
顯考湯德章靈骸
陽世子孫奉祀

陳濫嘛過身了後，
湯聰模共湯德章
留落來的厝賣掉。
德章留落來的
物件伊嘛全部擲掉，
無一項想欲留。

就親像欲切斷一切，
欲共爸仔囝關係嘛
完全洗清，
湯聰模尾仔甚至搬離開臺南，
佮大部份的二二八受難者家屬
全款，消失佇臺灣人的記憶。

湯德章予人銃決的公園，尾仔設立一座孫文的銅像。
二二八事件了後，
臺灣閣經歷全世界上長的戒嚴時期，有三十八冬遐久。
出力，搝（khiū）！
一
二
喀
轉型正義
成功啦！
公投盟總召蔡丁貴，帶領支持者共公園頂懸的孫文銅像搝倒。
二〇一四年二月二十二

湯德章紀念公園
一九九七年（湯德章死後五十冬），親目睭看著湯德章犧牲的張燦鍙，成做頭一个民主進步黨籍的臺南市長。伊請藝術家造一座湯德章的半身像，安佇圓環頂的臺南市市樹鳳凰木下跤，
閣共民生綠園改號做「湯德章紀念公園」。
二〇一四年，臺南市長賴清德共湯德章死亡這工訂做臺南市的「正義與勇氣之日」。
臺南的地方文史協會，為著保存湯德章的舊厝四界走從，毋但成立湯德章律師紀念協會，
甚至佮湯聰模做伙去日本揣著又藏叔公的墓，去伊的墓前拈香。

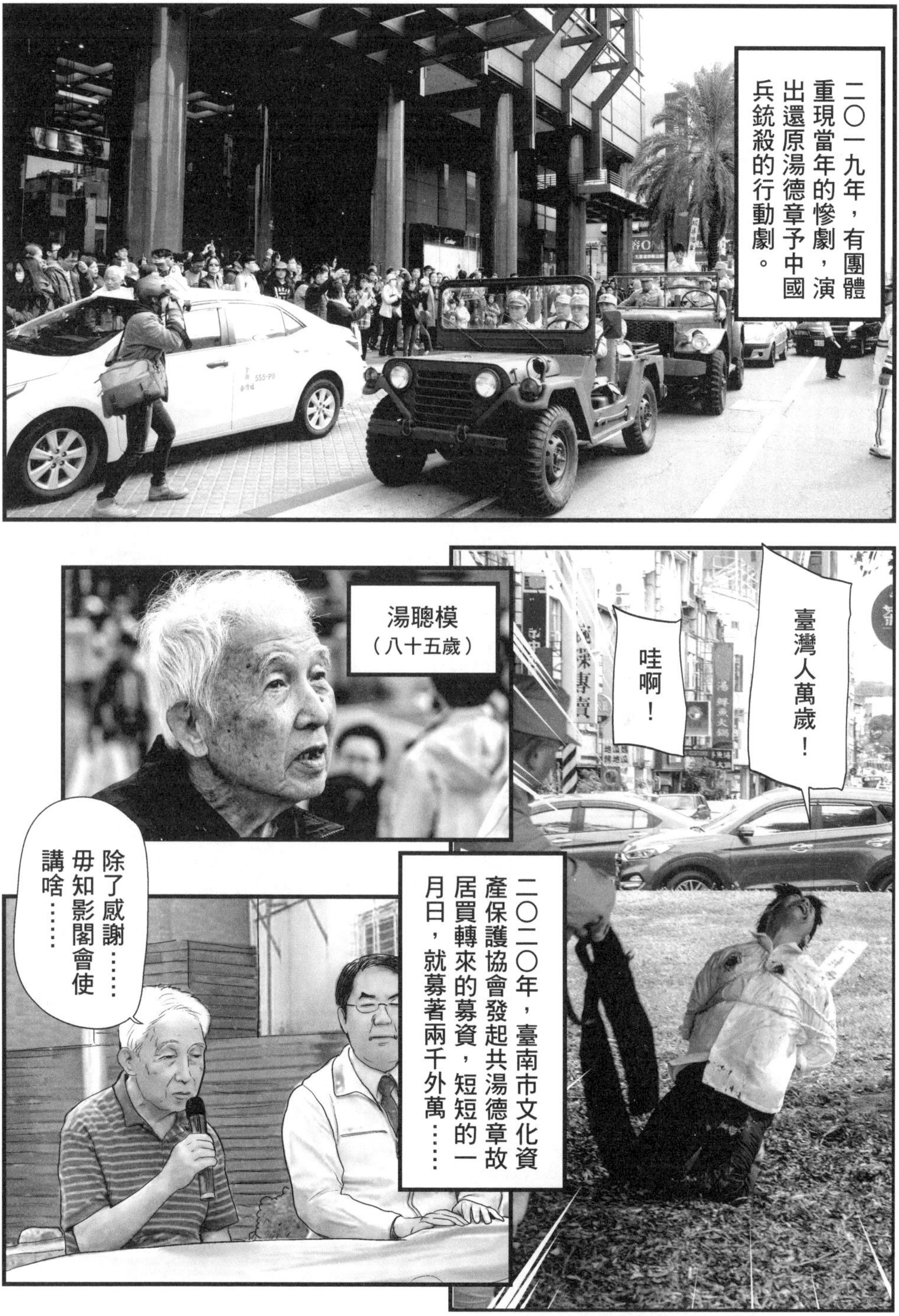

二〇一九年，有團體重現當年的慘劇，演出還原湯德章予中國兵銃殺的行動劇。
臺灣人萬歲！
哇啊！
湯聽模
（八十五歲）
二〇二〇年，臺南市文化資產保護協會發起共湯德章故居買轉來的募資，短短的一月日，就募著兩千外萬……
除了感謝……毋知影閣會使講啥……

來自各界的力量直直出現，
包括你這馬看著的這本 bàng-gà 嘛是。
父さん

何とお礼を言っていいかわかりません……
毋知影欲按怎用言語表達
ほんとうにありがとうございました。
我心中的感謝
KYMCO
完

湯德章年表

和曆	西元	湯德章生平
明治	1907	出生。
大正	1915	喪父。
	1921	噍吧哖公學校（今玉井小學）畢業，考上師範學校，四年後退學。
昭和	1927	警校畢業，派往東石就任。
	1928	與陳濫結婚。
	1932	擔任臺南市警察署巡查部長。
	1933	擔任警部補，處理鹿沼車禍事件。
	1939	辭職前往日本，通過預備考試。

民國	歷史事件
元年	一九一二年中華民國在南京宣告成立。
四年	臺灣發生噍吧哖事件。
二十八	第二次世界大戰爆發。

	1941	通過高考。
	1943	回臺南開業。
	1945	擔任南區區長。
	1946	參選臺灣省參議員，成為候補議員。
	1947	擔任二二八治安組組長，被逮捕槍決。
平成	1997	臺南市長張燦鍙設立胸像。
	1998	正式更名為湯德章紀念公園。
	2014	忌日立為臺南市正義與勇氣紀念日。
	2015	湯德章名人故居掛牌。
令和	2020	搶救故居保存募資，成立湯德章紀念協會。

三十四	第二次世界大戰結束。
三十六	二二八事件爆發，第一次戒嚴。
三十八	陳誠頒布臺灣省戒嚴令，二次戒嚴。
七十六	解嚴。
八十五	第一次民選總統投票。
八十九	臺灣政黨首次輪替。

臺南市區

湯德章相關史跡

⑦ 開山路派出所（已拆）

⑧ 林百貨

⑨ 律師事務所

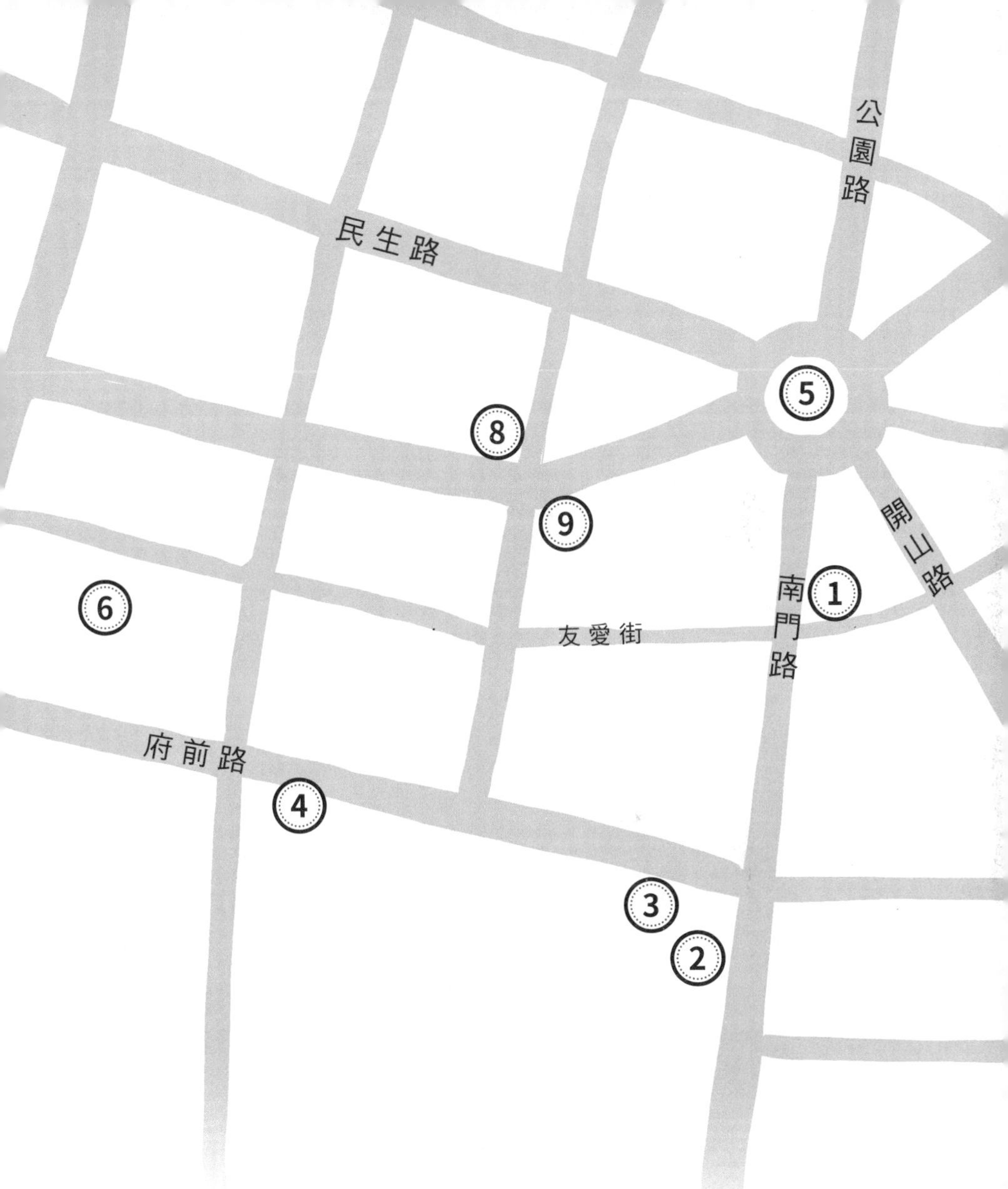

1 臺南美術館一館（原臺南州警察署）

2 文創 PLUS 臺南創意中心（原愛國婦人會館、南區區公所）

3 莉莉水果文化館

4 司法博物館（原臺南地方法院）

5 湯德章紀念公園（原大正公園、民生綠園）

6 湯德章故居

① 臺南美術館一館（原臺南州警察署）

本建築落成於日治時期（1931 年），與林百貨一樣，都出自建築師梅澤捨次郎之手。日治時期為臺南州警察署，光復之後改為臺南市警察局，現為臺灣首座行政法人美術館。

📍 700臺南市中西區南門路37號

OPEN 10:00~18:00（星期六開放至21:00，星期一公休）

📞 06 221 8881

② 文創 PLUS 臺南創意中心（原愛國婦人會館、南區區公所）

臺南市南區區公所原是愛國婦人會館，湯德章是第一任的臺南市南區區長，他於 1945 年 12 月 1 日上任，在 1946 年 7 月 1 日辭職，僅任職半年時間。目前改為文創 PLUS。

📍 700臺南市中西區府前路一段197號

OPEN 09:00~17:00（無休）

📞 06 214 1590

③ 莉莉水果文化館

莉莉水果店是臺南知名冰果室，創立至今已超過七十年。文化館位於水果店二樓，由店主李文雄於 1999 年創立，內展示各種府城老故事與舊影像。莉莉水果文化館亦是「搶救湯德章故居」的發起者之一。

700臺南市中西區府前路一段199號
OPEN 11:00~22:00（星期一休）
06 213 7522

④ 司法博物館（原臺南地方法院）

建於 1912 年，與總統府、國立臺灣博物館並稱為日治時期三大代表性建築。如今規劃為司法博物館，開放一般民眾參觀，收藏有湯德章律師的軍事審判死刑判決書，館內並有湯律師常設展。

700臺南市中西區府前路一段307號
OPEN 09:00~17:00（星期一休）
06 214 7173

⑤ 湯德章紀念公園（原大正公園、民生綠園）

日治時期為大正公園，後來改為民生綠園，1998 年為紀念於此處遭處決的湯德章律師，遂改名為湯德章紀念公園。現有設置半身的湯德章律師紀念銅像。

700臺南市中西區民生路一段6號
OPEN 24小時開放
06 226 7151

湯德章律師胸像

⑥ 湯德章故居

湯德章律師舊宅，2020 年新屋主原計畫拆除建停車場，臺南文史團體緊急搶救，向群眾募資兩千多萬後成功購下，預計於 2021 年 3 月對外開放參觀。

700 台南市中西區友愛街 115 巷 11 號

⑦ 開山路派出所

湯德章調來臺南第一間任職的派出所，也是第二話抓通緝犯的時候任職的地方。現已拆除。

⑧⑨ 林百貨、律師事務所

林百貨開幕於 1932 年，是全臺第二間，臺南第一間百貨。整棟有五層樓高，是當時臺南最高的建築，並配有電梯等現代化設備。湯德章從日本回來開業的律師事務所，就在林百貨的斜對面。

甲科錄取榜單

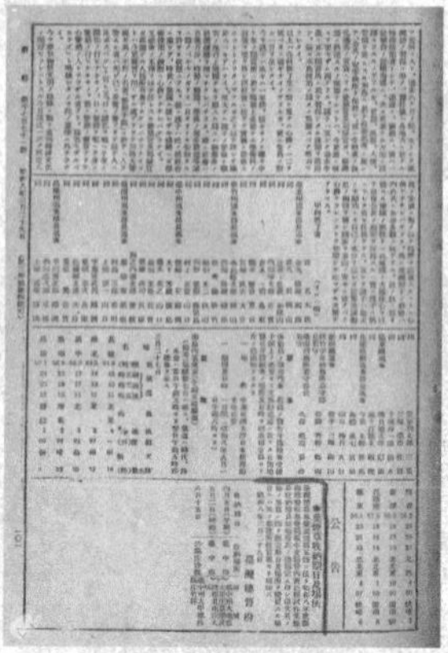

升巡查補名單

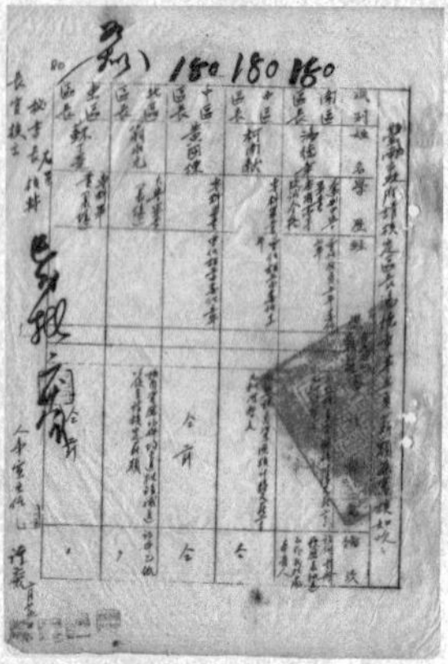

南區區長聘書

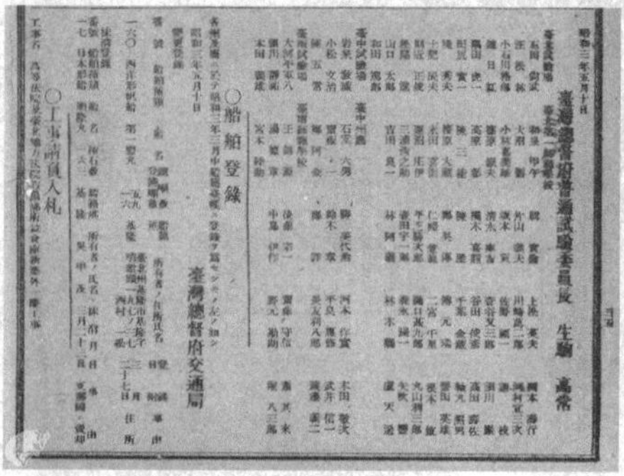

臺灣總督府普通試驗委員長　生駒　高常

船舶登錄

臺灣總督府交通局

工事請負入札

普通文官考試榜單

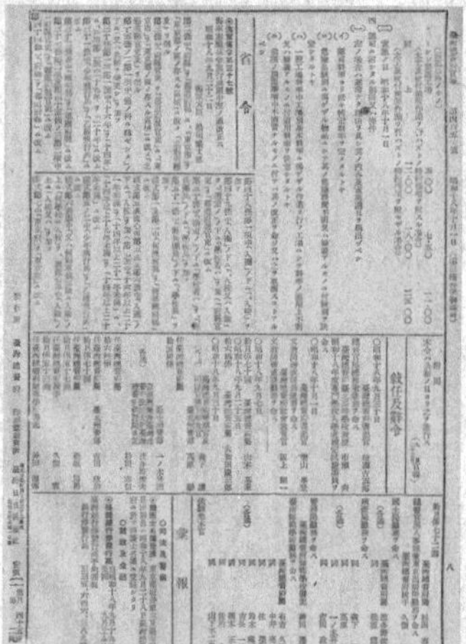

辯護士名錄登記

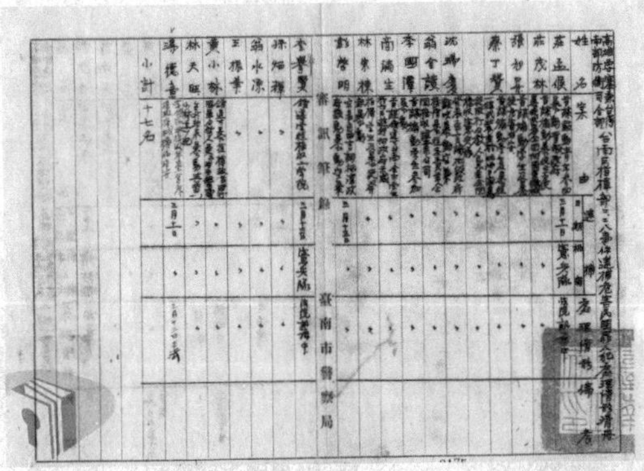

逮捕狀

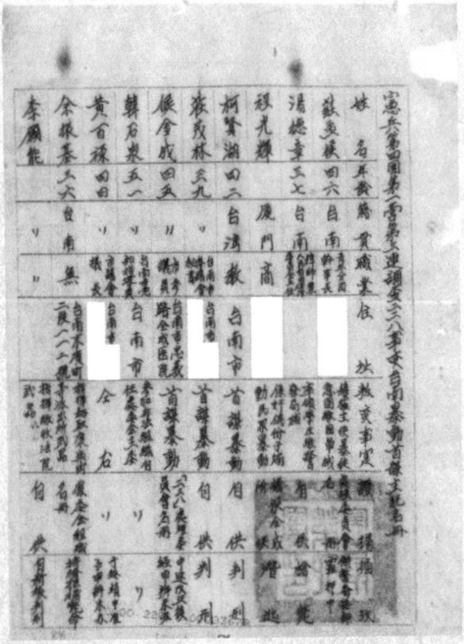

判決書

湯聰模指認，
當年湯德章即是被槍斃
在榕樹下之位置。

用漫畫作為認識湯德章的開始

——李文雄　臺南文史工作者、莉莉水果文化館館長

「我夢見湯德章送我一顆玉井的芒果……」那天當我送她一包莉莉的芒果乾時，這位年輕女子笑著說了這段話，她是國內創作湯德章漫畫的第一人，有個有趣的筆名：「蠢羊」。

又名羊寧欣，曾任職於網路平臺「沃草」，目前已辭職專心創作。曾在受訪時表示，她喜歡寫，也喜歡畫，後來覺得最適合自己的創作方式就是漫畫。從她的官方網頁上可以看到許多作品，最新力作便是這本有關湯德章的史實漫畫。

為了這本作品，她實地走訪湯德章在世的腳蹤，花費許多時日進行田野調查，包括前往臺南玉井和日本東京；寧欣也因此愛上臺南這個城市，特地從臺北移居府城。這一年在府城舉辦的湯德章行動劇，以及搶救湯德章故居的募資行動，她都參與其中。

漫畫，是一種平易近人的文學藝術作品，筆者幼時常常在莉莉水果店旁的一家博文書店（今福記肉圓）租漫畫來看，但國內對於「漫畫」似乎有一種貶低的眼光。好比過去長輩常會有「看漫畫會變壞」這樣的說法，反觀日本，對於漫畫的評價甚高，

市場普及率也高於臺灣許多。其實漫畫本身亦屬藝術範疇，創作者不僅要能畫出生動又有特色的畫作，還要運用精簡扼要的文字將作品的精神傳達出來。筆者認為以漫畫這樣的藝術創作作為認識湯德章的開始，實在是相當好的。

湯德章這位正義的律師，為臺灣人犧牲自己，免於多人在二二八事件之中受難，他的勇氣和精神卻被這片土地的人民遺忘，不論是有心人故意將其掩蓋，或是無心人將此犧牲視為無關緊要；直至五年前，這位不該被忘記的英雄才慢慢地被國人重新認識。

寧欣這位優秀的史實漫畫家，她的作品傳神又真實地傳遞出湯德章的生平和勇敢正義的精神，推薦給每一位大小朋友，一起來認識這位英勇的臺灣人。

一同守護湯德章

——黃偉哲　現任臺南市市長

二〇二〇年湯德章律師故居因產權變更，恐遭拆除改建為停車場。五月，臺南的天氣已如夏日一般，保留湯德章律師故居的民間運動，亦如火如荼展開。

臺日混血的湯德章律師，總是選擇站在臺灣人這一邊；不論是年輕時當警察、亦或從日本歸國後擔任律師，他總是試圖用自己的力量來幫助弱勢臺灣人。在二二八事件中，更是為了守護臺南市民以及年輕學生而犧牲。即使到生命的最後，他仍是高喊著「臺灣人萬歲」後赴義。

深愛臺灣這片土地的湯律師、是我們的守護者，而律師生前的居所，則是他曾經存在的證明，也是這段歷史的見證。這些年來，臺南市政府始終努力保存並彰顯湯律師的精神：湯律師的住所，在二〇一二年曾因道路計畫而面臨拆除，當時的市政府、就已將住所宣布為歷史名人故居，之後也因為易主再度遭逢危機。如何完整保留產權、保障這段歷史記憶，在本府跟臺南的文史工作者們、以及各界朋友的努力下，「湯律師故居」終於在全臺首例的公民募款重建成功後得以保留、並設立成紀念館。

很高興在紀念館即將開幕的今日得知有這本漫畫出版。漫畫作者——蠢羊，對於守護故居一事始終大力幫忙，她曾多次在自己的臉書呼籲大家響應，如今更用生動活潑的畫筆，將湯律師的故事繪製成平易近人的漫畫。相信這本漫畫的創作，必能讓更多朋友知道湯德章律師的故事，讓湯律師的精神，以及這段歷史長久留在臺灣人的心中。

2015年湯德章名人故居掛牌。

2020湯德章故居保存募款記者會。

※：照片由湯德章紀念協會提供。

門縫就有光。而現在，我們打開門

——黃建龍　社團法人臺南市湯德章紀念協會理事長

一九九七年張燦鍙市長就任，翌年將民生綠園改名湯德章紀念公園，我透過長期關注臺灣二二八及白色恐怖的陳銘城前輩，找到離開臺南許久的湯聰模先生（湯德章之子），回臺南參加紀念活動，匆匆來去，連記者都沒有拍到他的照片，如同許多二二八及白色恐怖的受難者家屬一樣，當時的他不願意面對談起這一段往事，此時的臺灣社會更遑論討論「轉型正義」一事了。

那年也是我第一次看到塵封許久的湯德章相本，翻開內頁，湯德章俊秀的毛筆字體，寫下每一張照片的年代、地點或事件，數十年來它們都被藏在閣樓裡，沒有見過光，跟這一段歷史一樣。

事隔二十多年、與民間友人一起發起，成立了湯德章紀念協會，為了搶救湯德章的故居，促成群眾集資，八千二百二十九個人民，二千零六十九萬六千八百零三元，留下了湯德章先生的故居，成為見證歷史共同記憶的主人，我們終於推開了歷史的門縫，讓光照了進來。

湯德章先生的一生，正義而燦爛，但卻在國族認同間來回擺盪，是日本人？中國人抑或是臺灣人？顯然他最終選擇了做為一個臺灣人，犧牲了他的生命，他的勇氣與守護，讓更多的人因此能夠繼續在這座城市生活下去，歷史不斷地前進，但這一段空白的臺灣歷史開始有人用不同的方式填寫，讓我們重新翻閱、記住。

群眾集資時，寧欣不只一次在他的臉書發文協助，也行動力挺，當時就知道他在畫這一部作品，很欣慰在協會成立後，他的這本有關湯德章的書也出版了。

寧欣親自走過這些現場，用栩栩如生的畫筆，畫下這段臺灣重要的歷史，相信有更多人有機會透過這本書，認識湯德章烈士，到這些歷史現場走走，認識臺灣重要的這一頁歷史。

還原歷史真相，正是轉型正義重要的一環，透過這本書的出版，協會未來的行動與教育推廣，讓正義與勇氣的民主精神可以彰顯，歷史可以被看見，邀請你一起推開這一扇大門，這樣我們就可以讓所有陰暗的角落，都有光。

接下來，臺灣就可以在光亮中往前走更遠。

讀歷史的尪仔冊，共正義揹予牢牢

——鄭順聰　臺文作家

毋但是我，大多數的臺灣人知影湯德章，愛對這本尪仔冊的上尾頁來倒絞。

先對二〇一九年遊街銃決的行動劇開始，二〇一四共伊做忌彼日定做「正義與勇氣之日」。佇我往過的記持內底，臺灣文學館、以早舊市府的頭前號做「民生綠園」，圓環內的鳳凰木旺閣大欉，護持一座銅雕，紀念律師湯德章，是伊用性命共狼毒烏暗擋落來，予臺南佇二二八免受遐濟枉屈和苦難。

猶毋過，咱對伊的了解原仔傷少，霧嗄嗄，毋知伊的事蹟和規个時代的背景。

資料資訊讀遐濟，較輸蠢羊（臺語敢譯做愣羊仔？gāng-iûnn-á）這本尪仔冊，予平面的文字成做浮面，共湯律師的人生分階段，一章一章、一格一格來成形，親像看電影遐爾仔真、遐爾活氣。原來，彼時的人穿這款衫，厝和街仔路翟做這款形（有現此時上鑠奅的林百貨和南美館囉），當時的人情世事、規矩制度是按呢來紡的。

逐章的起頭頁，閣會紹介彼當陣的物件，譬如日本警察的穿插和配刀（閣掛鎖驚予人搶去），紙票的圖樣，閣有斯當時的護照：旅券。

做一个臺文作家，我真肯定內

底的臺文使用。毋是欲來推揀鼓舞褒囉嗦，是彼个時代本成就是用臺語、日語來講話，使用臺文和歷史才會搭峇，本底就愛按呢來做。這本尪仔冊，毋但是臺文出版的見本，閣是未來「臺漫」欲大開展的模範。

當然，這本冊上重要的毛領，是欲來認捌湯律師的一生：有活形閣活跳的尪仔圖，共伊人生的過程畫甲有條有段，予咱有大概的了解。湯律師做過濟濟的頭路，改換無仝的路途，彎彎斡斡、起起落落，伊一世人的執念、堅持的精神，就佇三十九頁：「我……就干焦想欲共心內的正義顧予牢爾爾……」

有一改，阮規家伙仔去臺南遊覽，對文學館起步，掠圓環過，參觀林百貨和南美二館了後，囡仔忝矣，太太毛悉轉去飯店歇。伊佇網路地圖發現出名的燒鰻飯，生理蓋好，愛我冗早去排隊，包轉去做暗頓。

我軁入去巷仔，去揣彼間店，步輦斟酌來覓，煞勻勻仔浮現一棟紳派的現代洋樓，牆圍仔外有雅氣的花箍，內底寫：湯德章故居。

我心肝頭嚓一下，有感動，感慨較濆，彼時當咧風聲舊厝就欲予賣掉敲掉。好佳哉，四面八方的志士抾錢共厝保留落來，進一步欲共磨予優、雕予婧。

論真講，冊讀完，感覺時代的面腔是真無情，統治者的手段蓋殘忍啊！這時，我的心頭煞坐清，恬靜落來——佇時間暗毿無光的彼爿，有聲說傳來，自細楦闊，按霧到清，真堅定，真響亮——啊！是冊五十九頁牌匾頂頭的彼四个大字：伸張正義。

有湯德章前輩行佇頭前，咱心頭定，毋免驚；徛出來，騰騰騰；為公理，為正義。

用創作畫出轉型正義的光

——賴清德　現任中華民國副總統（第十五任）

二二八事件迄今已七十餘年，隨著臺灣的民主化，轉型正義的推動，人民開始可以公開討論、省思過去的歷史，其中，在二二八事件中被公開槍決的湯德章律師，便是其中一位令人敬佩的先賢。

早在一九九八年，為了紀念湯律師於二二八遭受的不公不義，張燦鍙市長首先將湯律師的殞命之處民生綠園（舊稱大正公園），改命名為「湯德章紀念公園」，並設立其半身銅像；其後，在我任內的二〇一二年，湯德章先烈故居面臨計畫道路的拆除，我透過「臺南市歷史街區振興自治條例」將其加以保存並列為歷史名人故居；二〇一四年，也呼應各界要求，將湯律師赴義的三月十三日，訂為「臺南市正義與勇氣紀念日」，藉以感念湯律師在二二八事件中對臺南人民的維護；二〇二〇年，由於故居買賣易手，為搶救湯德章故居免於拆除，在臺南文史工作者的奔走努力下，透過群眾集資，共募得超過兩千萬元，以公民的力量買下故居，共同保留這段歷史建物。

至今，轉型正義及歷史真相的

推動，早已不是少數先進們的革命，而是開枝散葉，成為民間公民運動的力量。

湯德章律師的故事不是單一個案，是許多臺灣菁英當年所共同面對的遭遇，臺灣歷經數十年的白色恐怖時期，那個威權的年代，民主被壓抑、人民被集體噤聲。在許多民主前輩血與淚的奮鬥下，如今的臺灣早已經不同過往，今日的臺灣人民可以自由表達意見，也可以討論二二八的故事，我們可以說：臺灣走過幽暗的長廊，終於看到光。

為了讓民主大步向前，我們不能遺忘歷史。臺灣年輕一代相當有想法的創作者——寧欣，藉由敘述與創作《臺灣名人傳記漫畫：湯德章【臺文版】》，讓更多人認識這段過去，也透過這樣的回顧，讓臺灣不走回頭路。

這些年來，她利用漫畫易閱讀、且老少咸宜的特性，推廣各種值得大家重視的議題，無論是警消權益，或是臺灣棒球現況，都是寧欣所關注的議題。她曾將消防員協助臺南大地震的故事畫成動人的篇章，如今更以臺南的湯德章律師為主角，繪製這一本臺文版漫畫，把這樣的故事與精神擴散出去，讓更多年輕朋友知道。我要感謝她這些年為這些議題的發聲，也祝福她能繼續保有創作的熱情，繼續畫出更多屬於臺灣的故事。

漫畫不是瞞天亂畫，是根據史實，畫出湯德章正義凜然、因義受難的事蹟。湯德章的精神，應與臺灣人長相左右！

——李筱峰　國立臺北教育大學名譽教授

感謝蠢羊的作品，讓湯德章先生的故事能以更平易近人的方式讓更多臺灣人知道。讓「臺灣人，萬歲！」能不只是前輩的呼喊，而在更多臺灣人的心中深根。

——林昶佐 Freddy Lim　立法委員／閃靈主唱

我們今天的生活，都是這些前輩前仆後繼以珍貴的生命換得。這本以臺文為本位，描繪湯前輩的漫畫，讓我們再次看見前輩的風骨！

——陳柏惟　立法委員

漫畫裡呈現的不只是故事，而是真實發生在我的人生，以及當時許多人家的事情。希望藉由父親的遭遇，讓更多人了解，在威權之下人的脆弱與無助，讓這樣的事情永遠不要再發生。

——湯聰模　湯德章之子

※推薦序、各方推薦依照姓氏筆畫排序

自從做為漫畫家出道以來，《湯德章》是我的第十本商業漫畫，也是我做過最難做的一本漫畫。與湯的緣分應該是從「太陽花」之後製作支持警察組工會、爭取權利漫畫那時開始，在大學以前懵懵懂懂的人生從未聽過社會運動、也沒想過會碰政治這個題材，但是做著做著也認識了些警察，有些人離職、有些人調走，更有許多人選擇繼續留在警界努力改變。

每個警察都為了自己的目標而走上不同的路，湯德章也是其中一位，只是我與祂結緣是在祂離世很久以後的現今，翻找史料的過程總覺得我繪製這本漫畫並不意外，甚至可以說是命運的安排吧，湯本人在擔任警察時有個筆名為許丙丁的警察前輩，總是以詼諧的漫畫來記錄警察的工作，刊載在當時的警察雜誌上，頗受警界歡迎。

看著湯德章為學長許丙丁出的新書寫的序文，彷彿像看到過去、那些我認識或不認識的警察們，在看我於時報出版的《菜比巴警鴿日記》時露出的表情一樣……也許是因為這樣才有緣分來做這本漫畫吧。

在那幾年總是有人問我：「你是警察嗎？你是警眷嗎？你有朋友在當警察嗎？」

而最近也有人問我：「你是誰派來的，你為什麼要做湯德章的漫畫，你為了什麼？」云云。

我給不出答案，我自己也很想問，為什麼呢？讓身邊的人都不理解，甚至經紀人也不贊同我畫這本，她覺得我投入太多在湯德章上面，跟警察一樣，讓人無法理解。

這兩三年來，不停找尋著這個人的足跡的我，拜訪了臺南莉莉水果店老闆李文雄先生，他用一整個晚上告訴我他研究湯德章的部分故事，全然信任地將老照片交給我作資料參考，甚至還指引了我去找湯德章的路。

我自己也花錢飛往日本東京，請了日文翻譯拜訪門田隆將先生，他是《湯德章：不該被遺忘的正義與勇氣》一書作者，我請求他授權給我製作漫畫版，因為總有個聲音在心底說，這事應該由臺灣人來做，傳記小說有日本人寫了，那漫畫就該要由臺灣人來繪製，這才符合湯德章的背景：臺日混血。

非常感謝門田先生願意無償授權，他告訴我他知道漫畫家都很窮，我沒有反駁，製作這本書的經費的確是個大困難，真的非常感謝門田先生能夠體諒，甚至後來還引薦我去角川出版社與編輯會面，希望日後這本漫畫真的能有機會在日本出版。

在湯德章資料蒐集得差不多了的時候，因為我正好辭職、開始全心於《棒球人生賽》的連載，將積蓄都燒在上頭，實在沒有辦法再挪用到這上面……但我想冥冥之中祂也在幫忙想辦法吧，文化部剛好有一個補助案〈文化部本土語言創作及應用補助計畫〉在開放申請，後來我也順利地用這本漫畫的企劃申請到名額，因此這本漫畫才得以完成。

感謝李老闆，感謝門田先生，感謝總是在翻譯校對中跟我吵架的翰駿還有看戲的盈佳，然後最感謝的還是出版社了，願意讓這本書臨時插隊，甚至還答應要製作史無前例的全臺文漫畫……原本在臺、華文之間糾結，還跟翻譯友人們吵了幾次架（對薛翰駿我就是在說你），過程之困頓讓我決定這篇後記的第一句話絕對要寫「這是我做過最難做的一本漫畫」。

不過就像謝銘祐的歌〈路〉所唱的那樣吧，前方若有光，一定有其緣故，而離開的人從未離開，只是像一節一節的火車，將臺灣一段一段送往前方。

感謝您一路一路送咱到遮，剩下的就是咱的代誌了。

參考資料

《湯德章：不該被遺忘的勇氣》（日文書名：汝、ふたつの故国に殉ず：台湾で「英雄」となったある日本人の物語／門田隆將著／林琪禎、張弈伶、李雨青翻譯／玉山社出版）
《湯德章逝世七十週年紀》（莉莉水果文化館出版）
《府報》
《臺灣日日新報》
《臺灣總督府官報》
《警察沿革誌》
《官報：警察官消防官服制》
司法博物館
國史館臺灣文獻館
國家檔案資訊網（國家檔案館）
臺灣臺南地方法院檔案室
社團法人臺南市湯德章紀念協會
馬克吐溫影像製作有限公司

FUN系列78

臺灣名人傳記漫畫：湯德章【臺文版】

作者—蠢羊
臺文翻譯—薛翰駿、李盈佳
臺文審定—陳豐惠
主編—陳信宏
責任編輯—王瓊苹
責任企劃—吳美瑤
美術設計—FE設計
內頁排版—執筆者企業社
贊助單位—文化部

編輯總監—蘇清霖
董事長—趙政岷
出版者—時報文化出版企業股份有限公司
一〇八〇一九臺北市和平西路三段二四〇號三樓
發行專線—（〇二）二三〇六六八四二
讀者服務專線—〇八〇〇二三一七〇五・（〇二）二三〇四七一〇三
讀者服務傳真—（〇二）二三〇四六八五八
郵撥—一九三四四七二四　時報文化出版公司
信箱—一〇八九九臺北華江橋郵局第九九信箱
時報悅讀網—http://www.readingtimes.com.tw
電子郵件信箱—newlife@readingtimes.com.tw
時報出版愛讀者粉絲團—http://www.facebook.com/readingtimes.2
法律顧問—理律法律事務所　陳長文律師、李念祖律師
印刷—紘億印刷有限公司
初版一刷—二〇二一年二月十九日
初版四刷—二〇二二年六月三十日
定價—新臺幣三二〇元

時報文化出版公司成立於一九七五年，並於一九九九年股票上櫃公開發行，於二〇〇八年脫離中時集團非屬旺中，以「尊重智慧與創意的文化事業」為信念。

ISBN 978-957-13-8531-0
Printed in Taiwan

關於本書

在威權時代，無辜的人可能被抹黑、嚴懲，甚至失去性命，最後還可能被世人遺忘。這段故事屬於湯德章律師的人生經歷，也是我們所有臺灣人都應該正視的歷史傷口。曾經發生過的傷痛雖然無法改變，但人們堅持的信念卻不該被遺忘，這是「湯德章」值得被銘記的理由。

蠢羊作品集

棒球人生賽 1st
定價：320

棒球人生賽 2nd
定價：320

棒球人生賽 3rd
定價：330

棒球人生賽 4th
定價：330

菜比巴警鴿成長日記
定價：260

「臺灣人，萬歲！」

這是湯德章律師，
在槍決前，用日文大聲吶喊的遺言。
過去，國民政府視他為叛亂暴徒，
罵他是日本人的混血走狗；
如今，臺南人卻說他是英雄；
臺南市政府更將他被行刑的 3 月 13 號訂為紀念日，
視為臺灣人不可遺忘的正義與勇氣……

時報悅讀網
ISBN 978-957-13-8531-0
VCL0078 NT$320